# Link coloring

https://www.instagram.com/linkcoloring/

https://www.pinterest.com/linkcoloring/

https://twitter.com/Linkcoloring

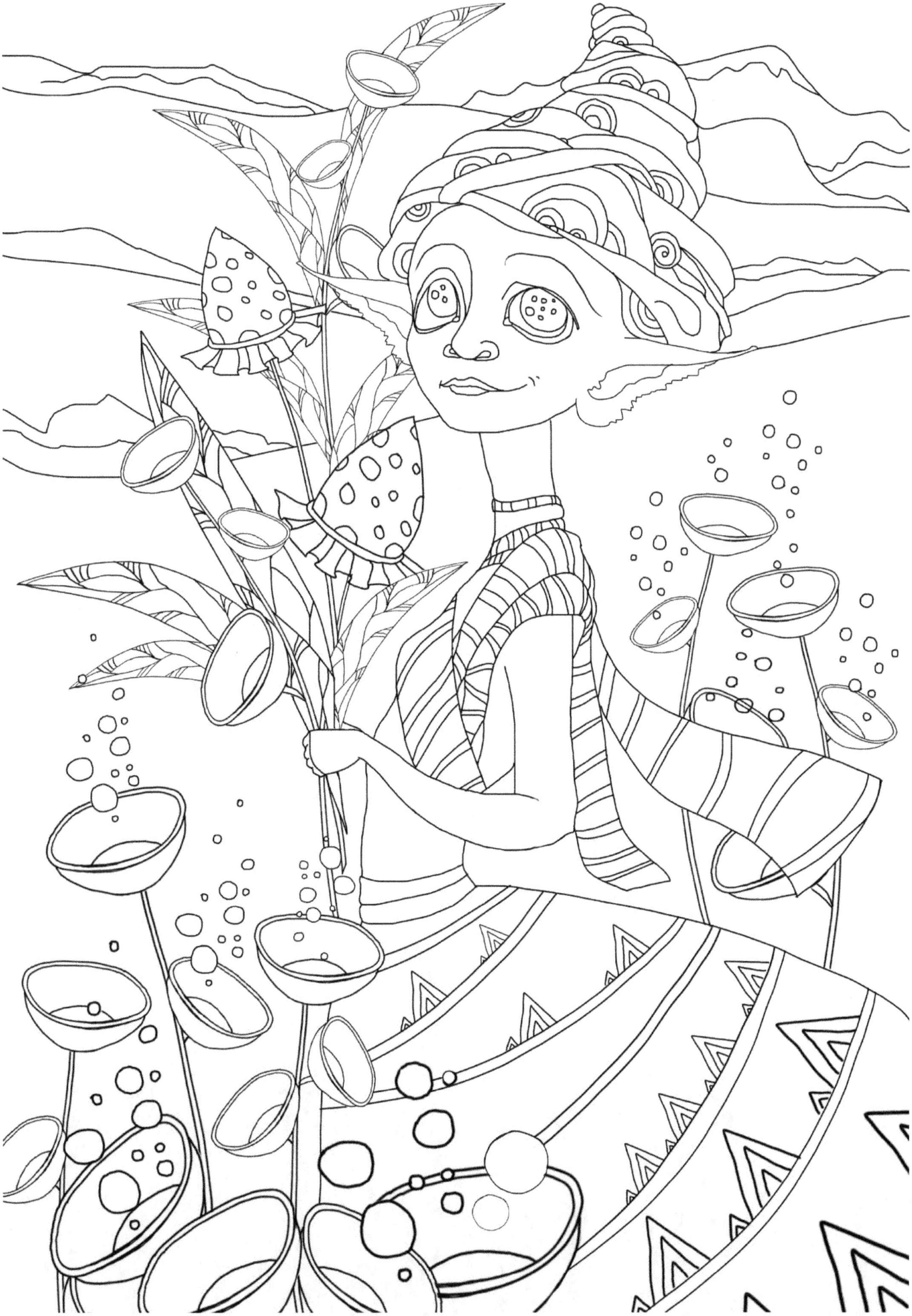

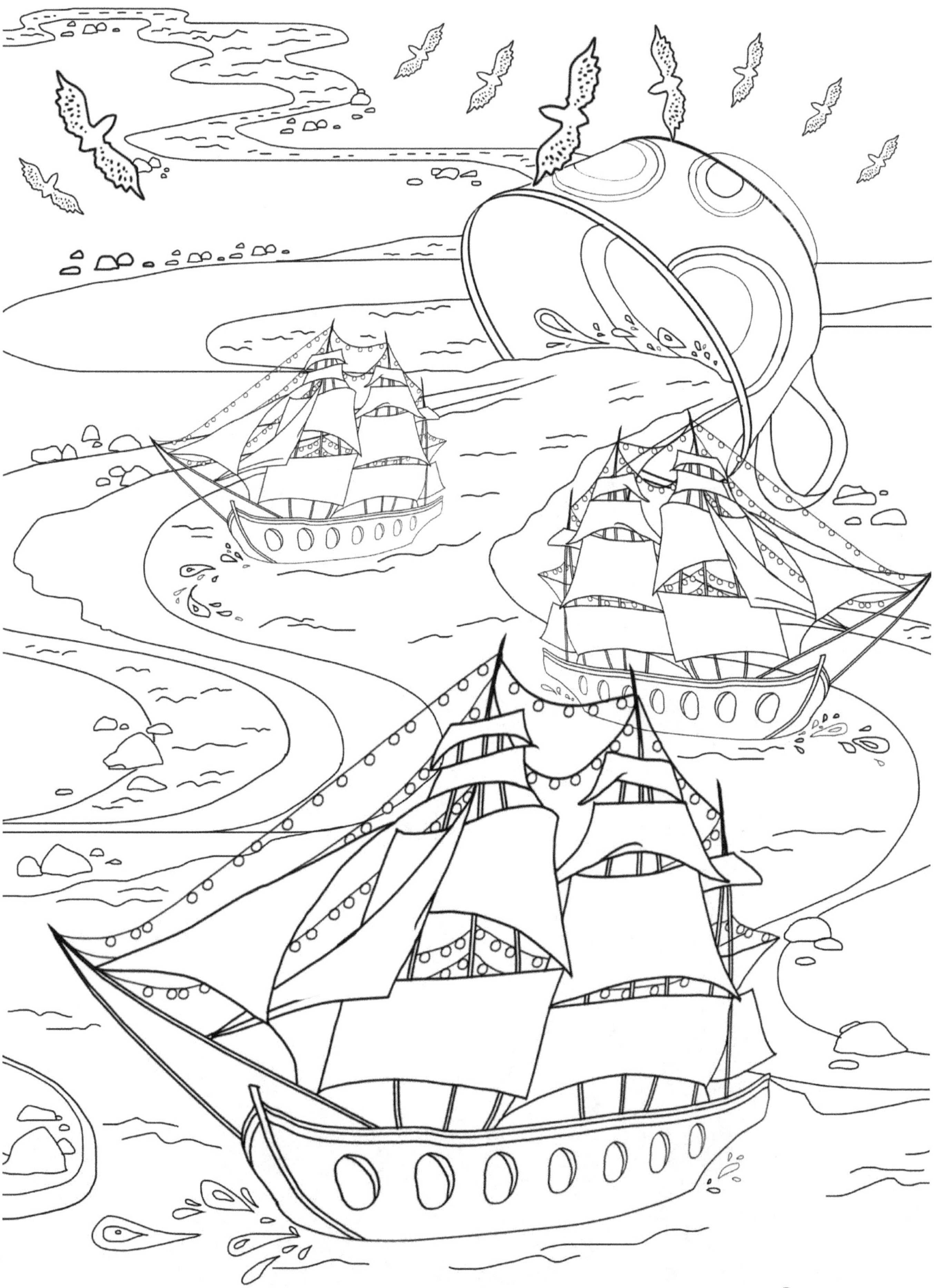

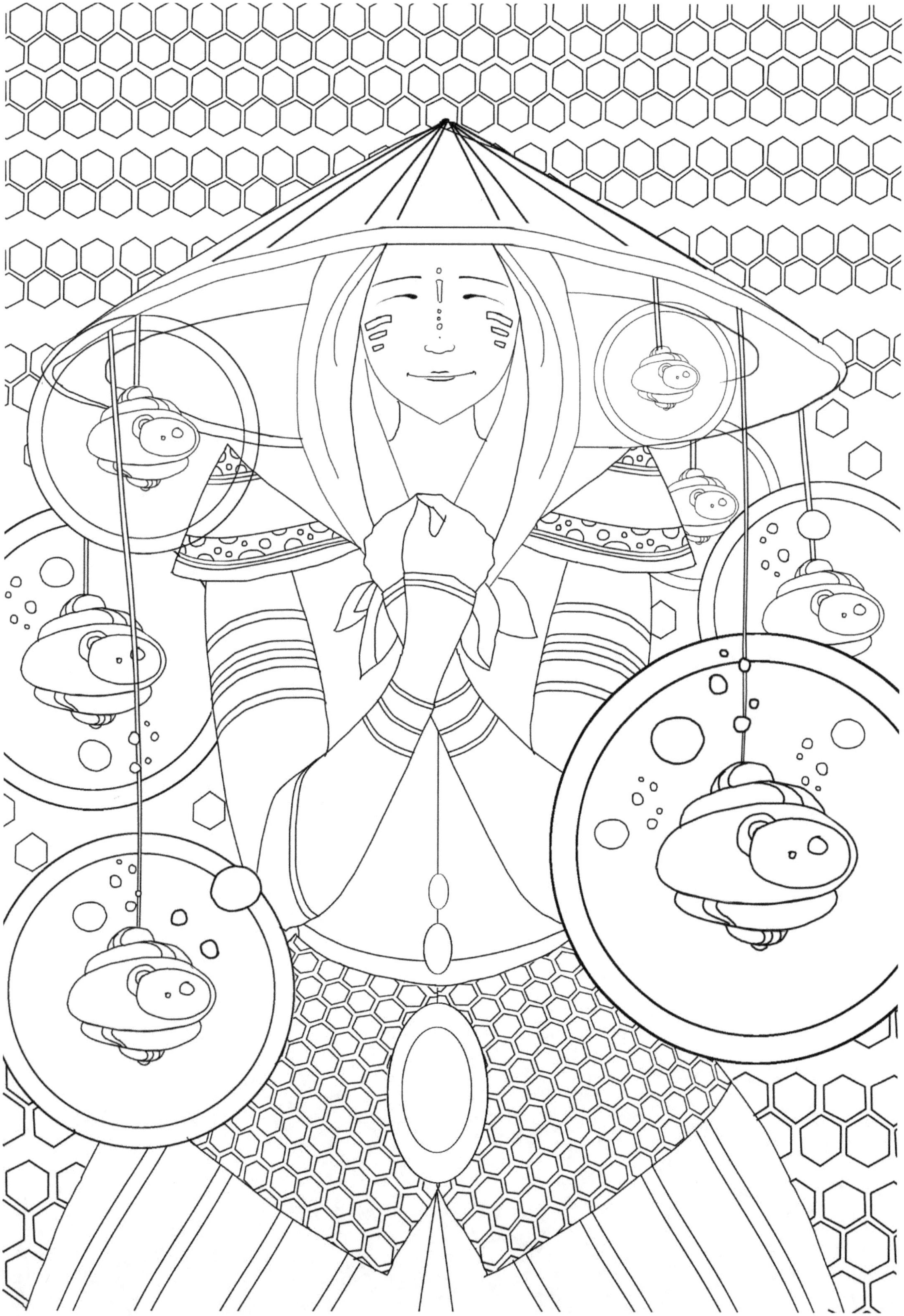

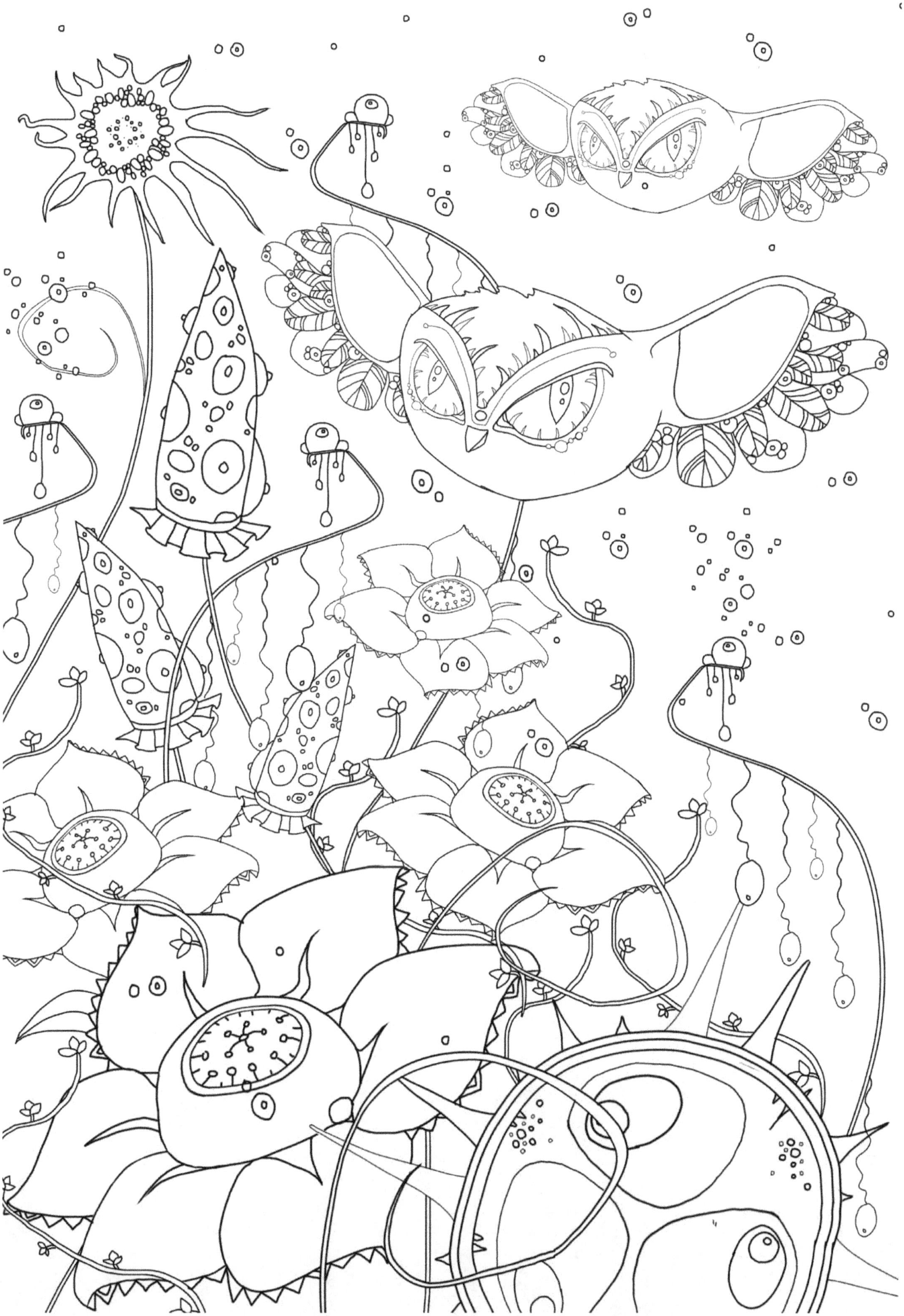

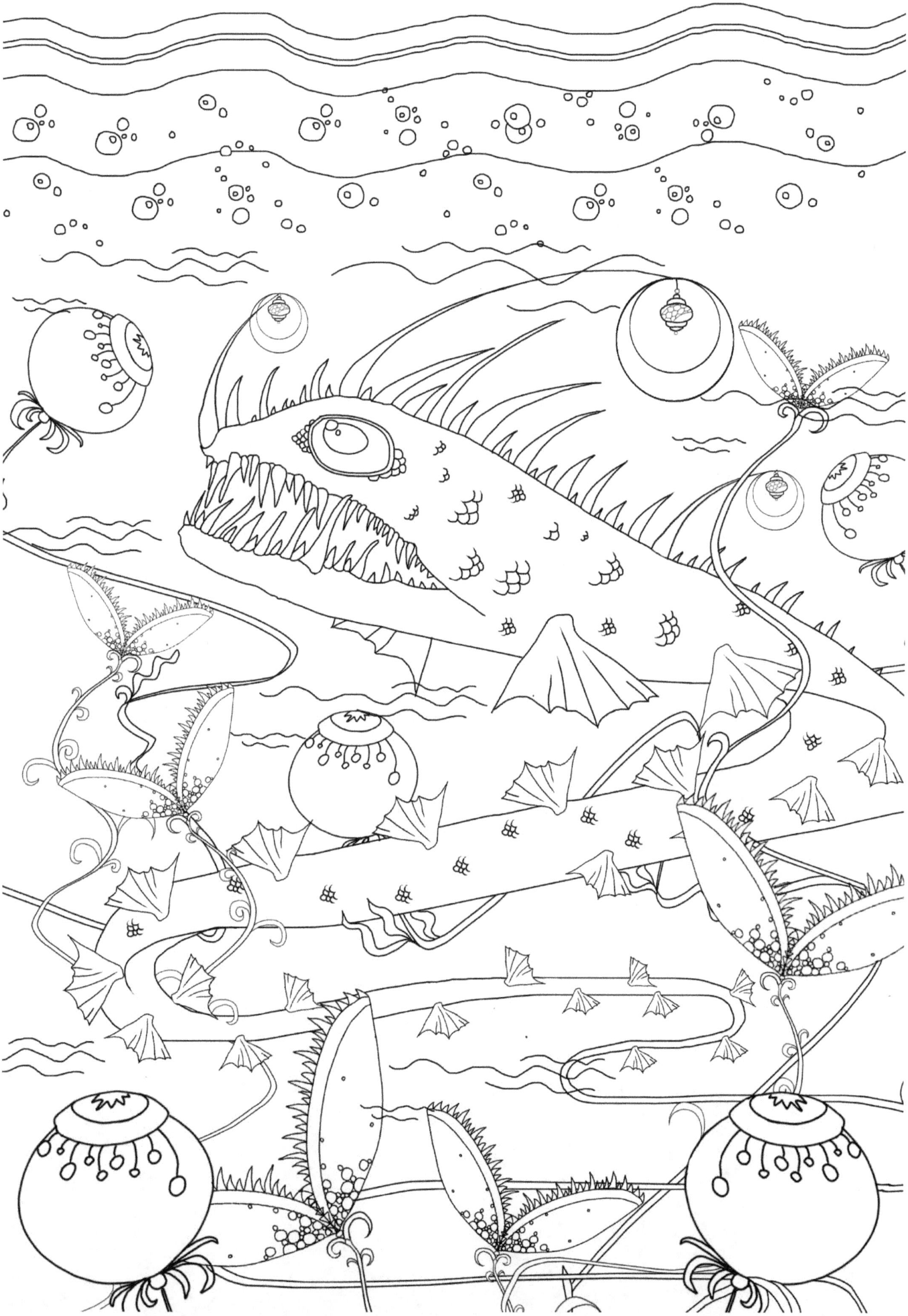

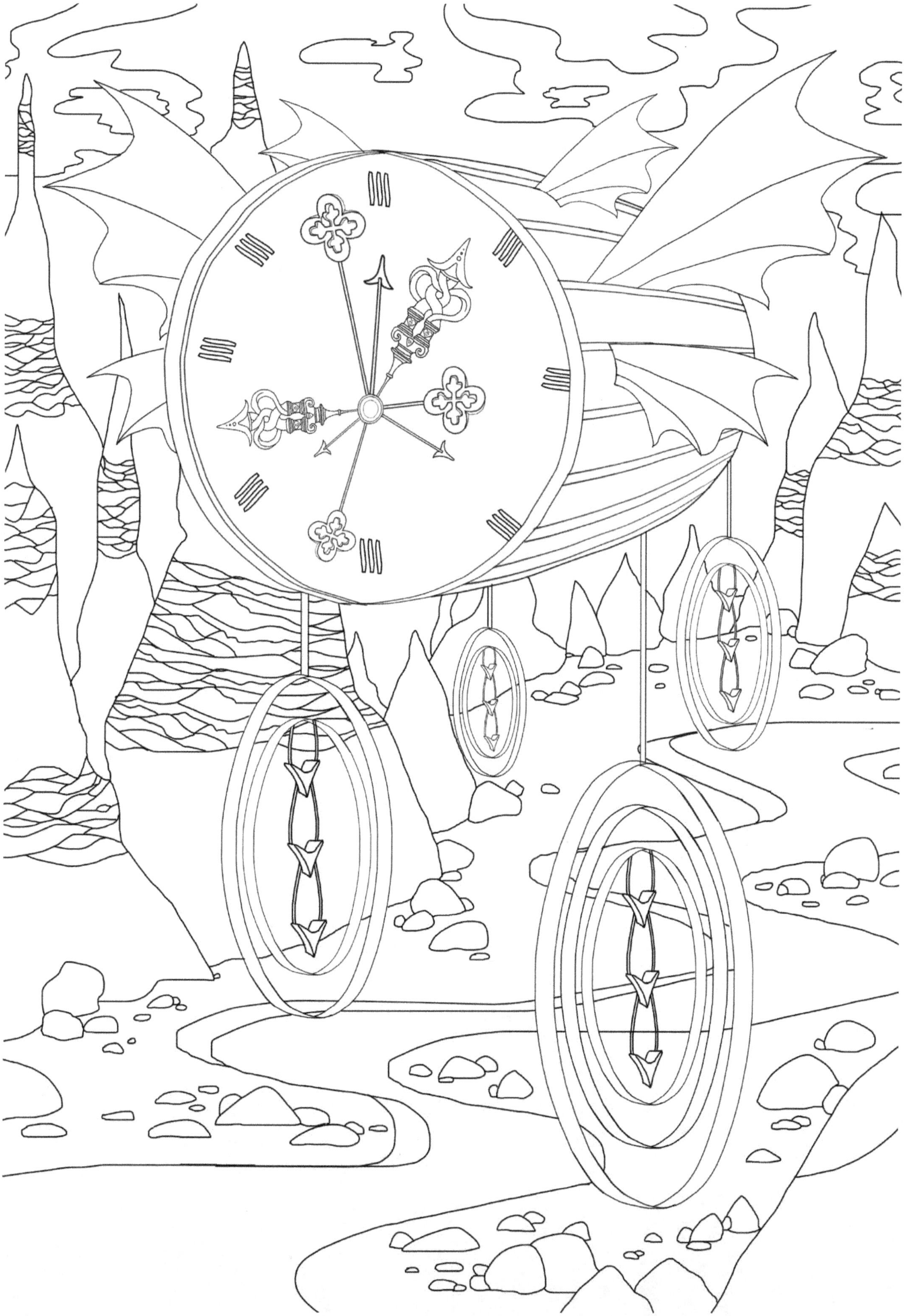

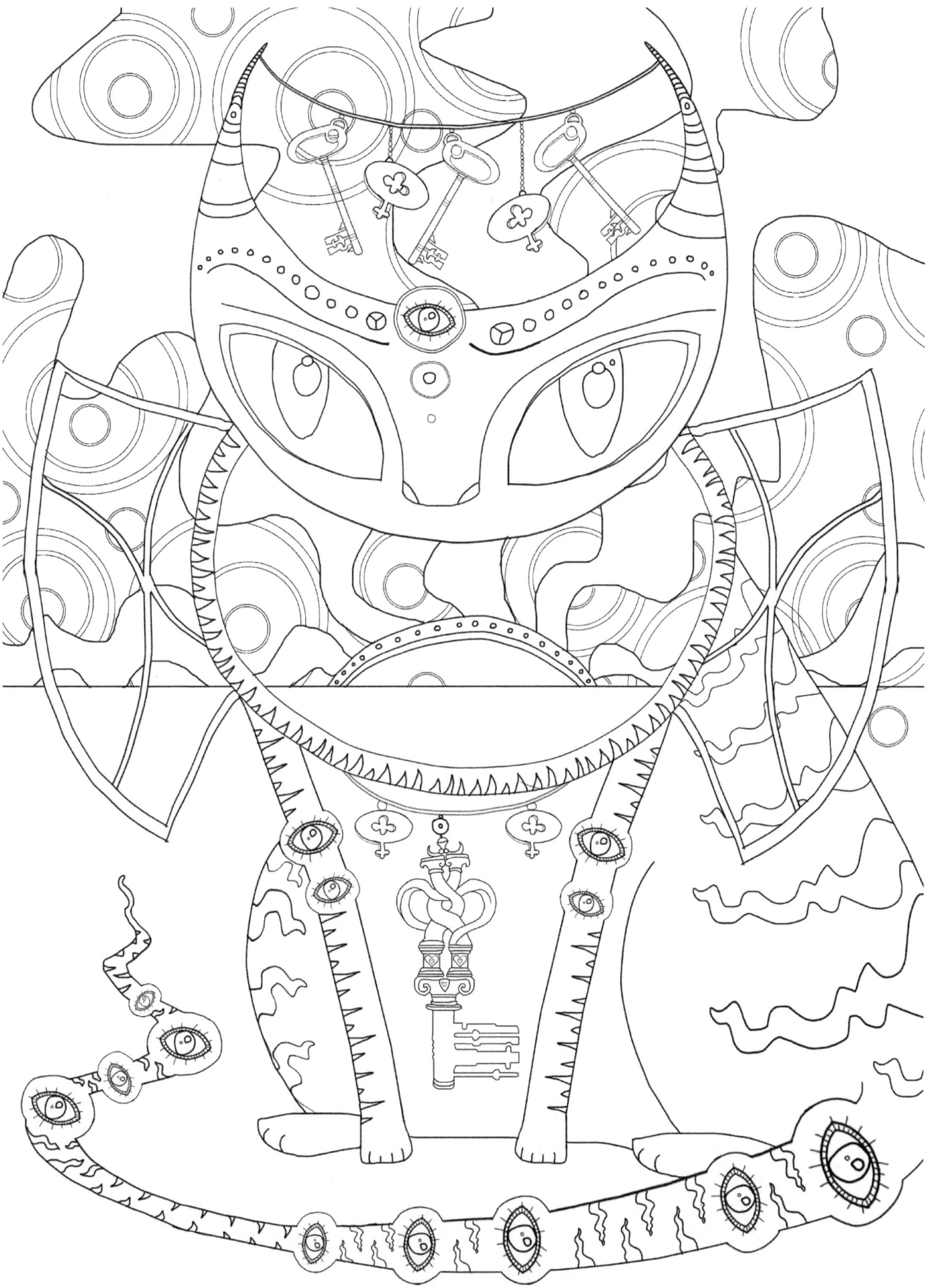

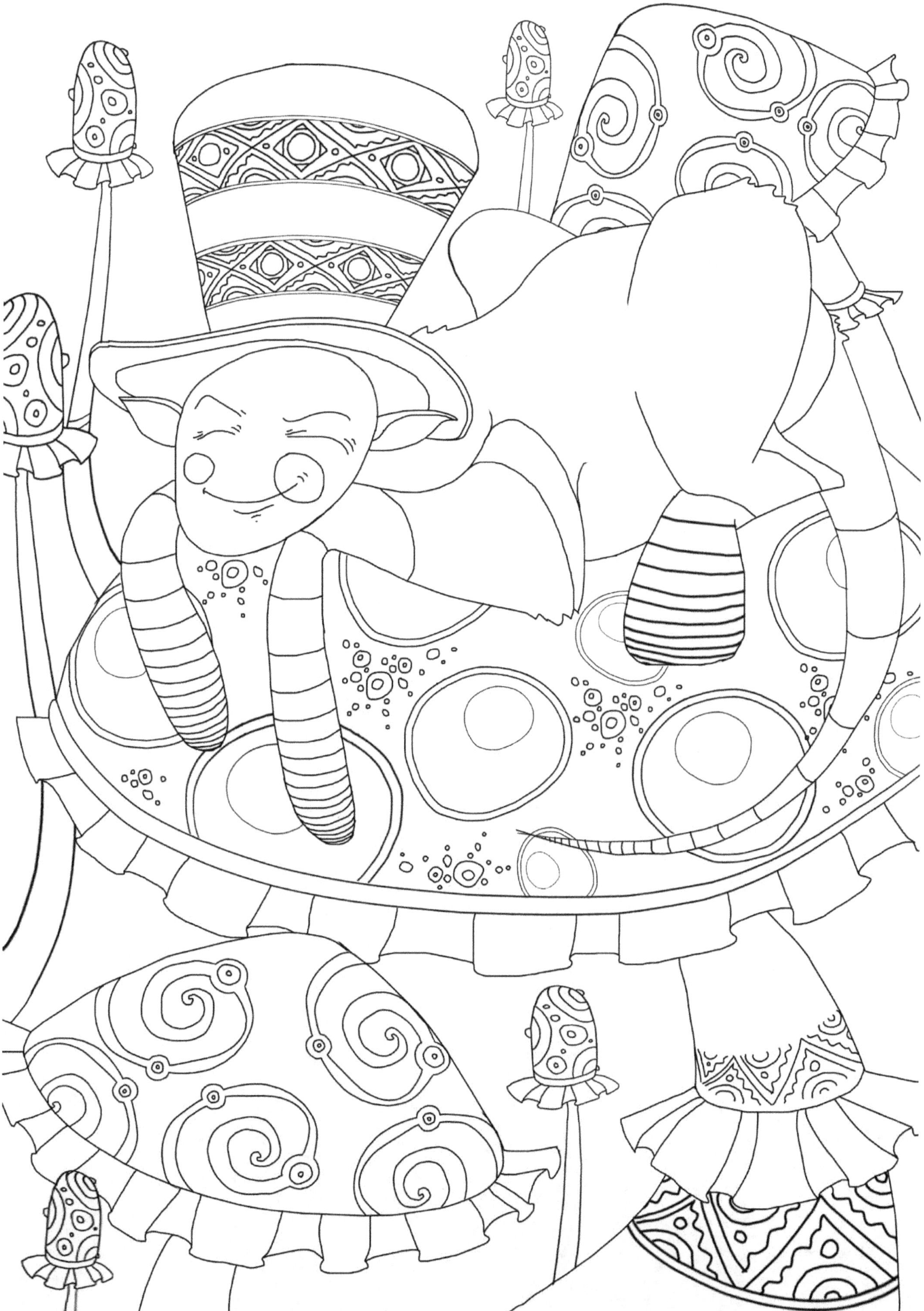

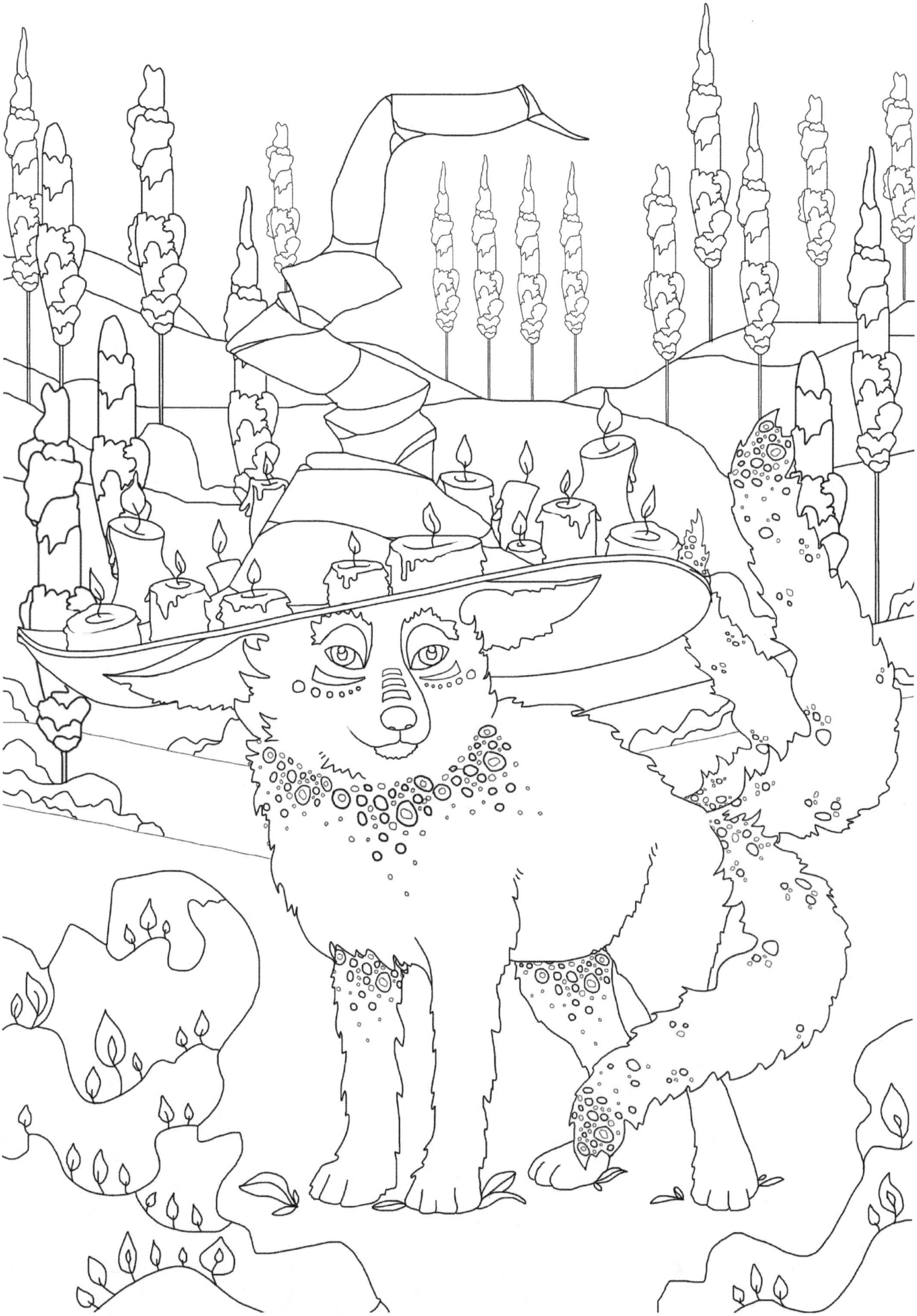

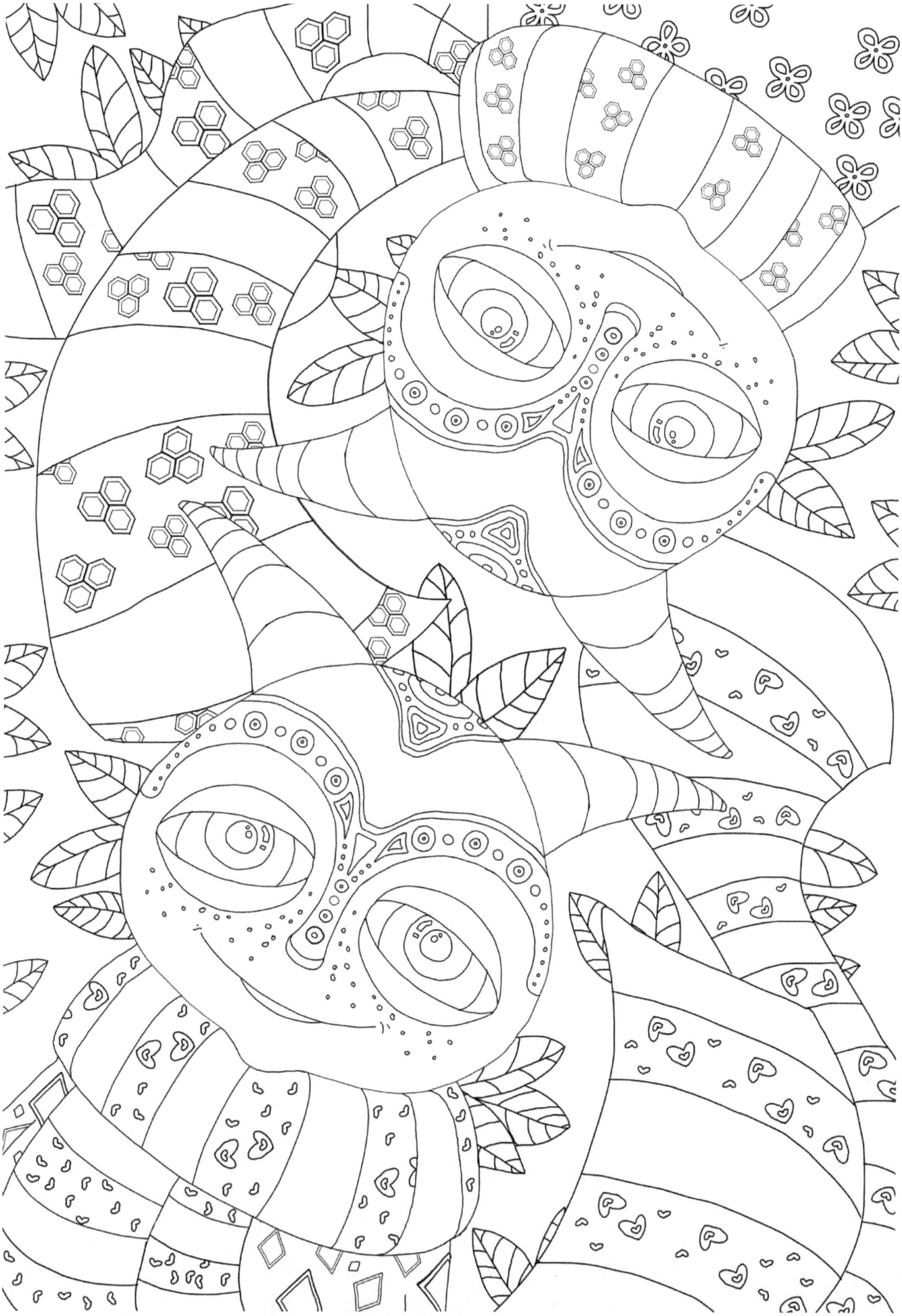

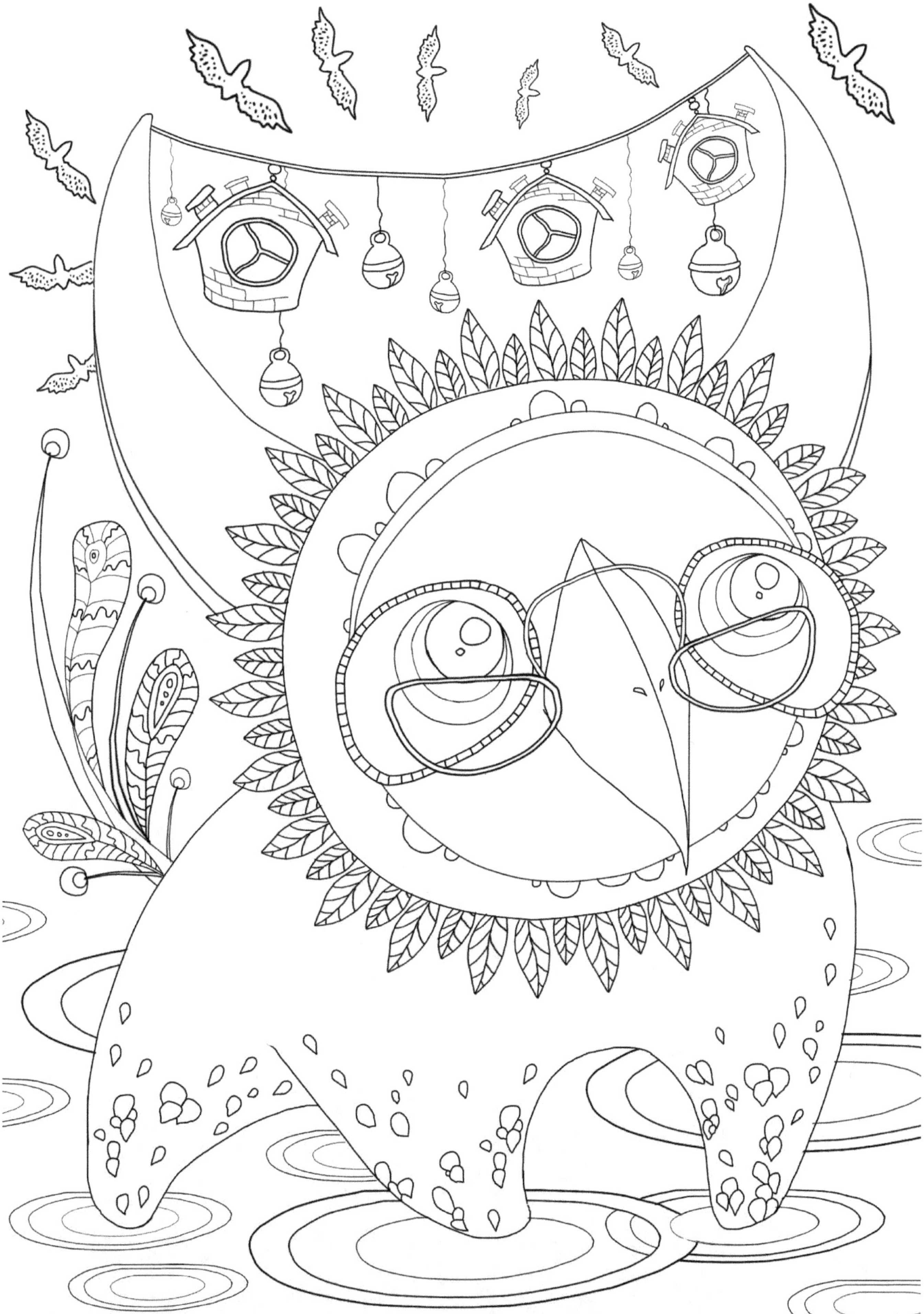

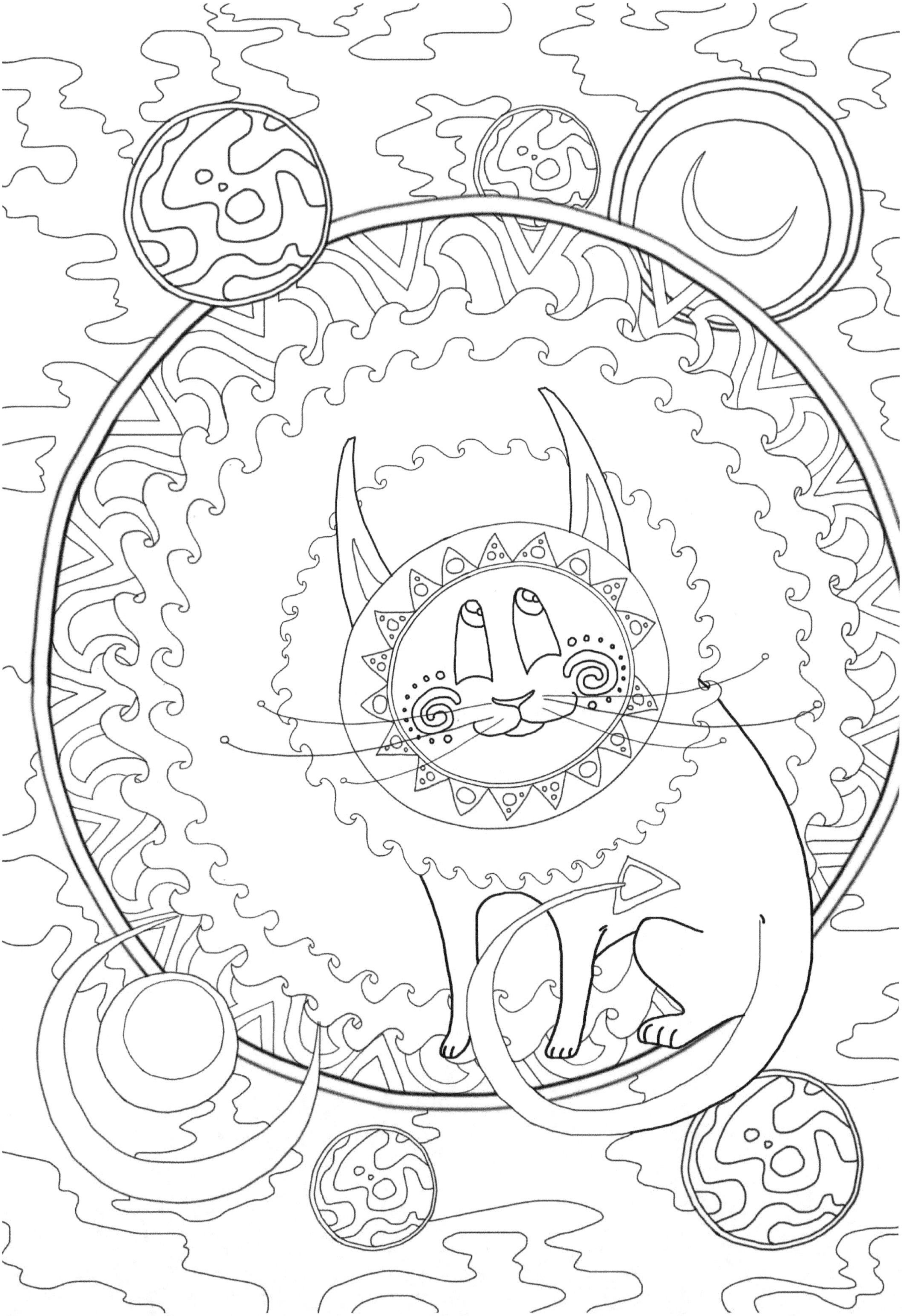

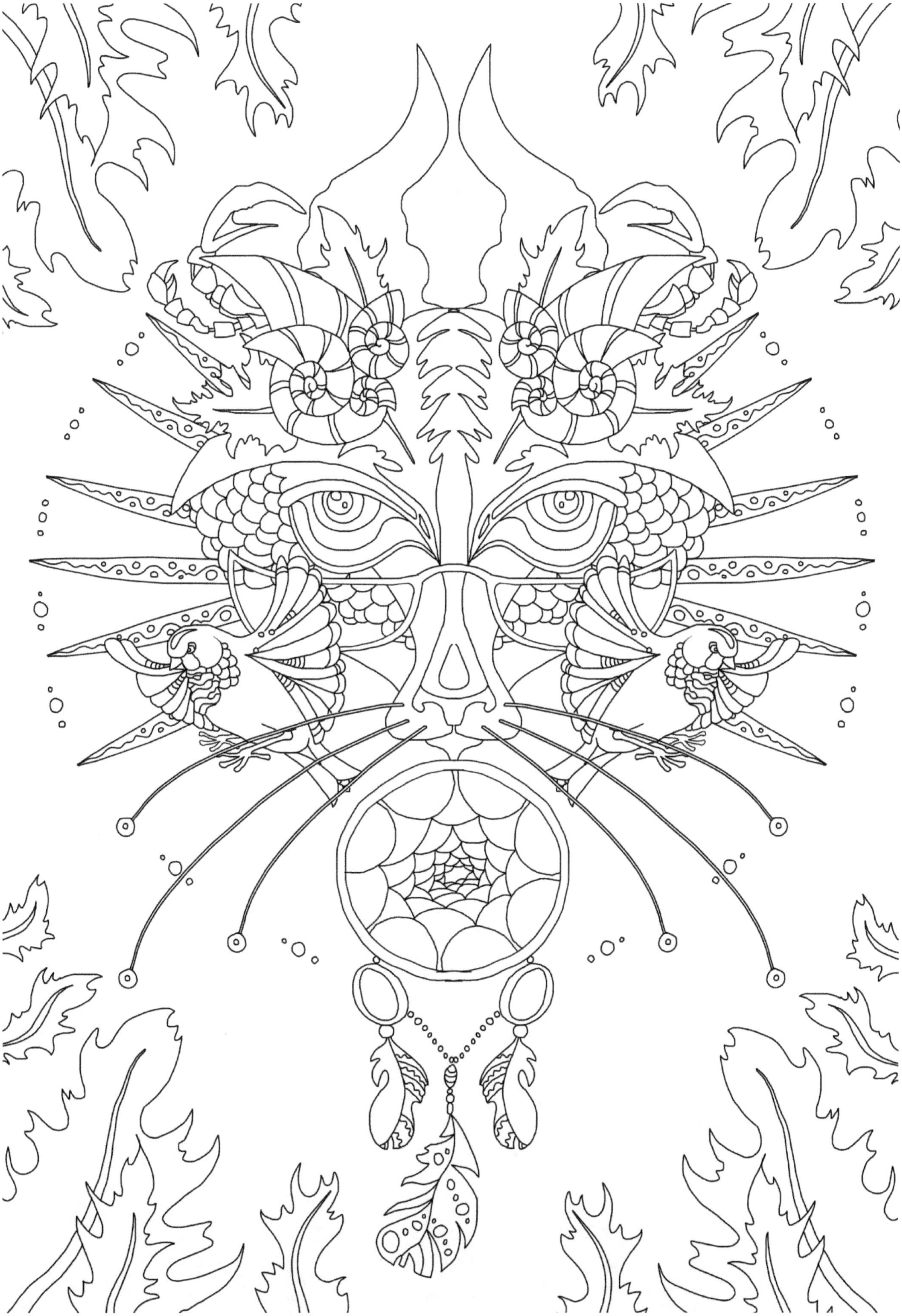

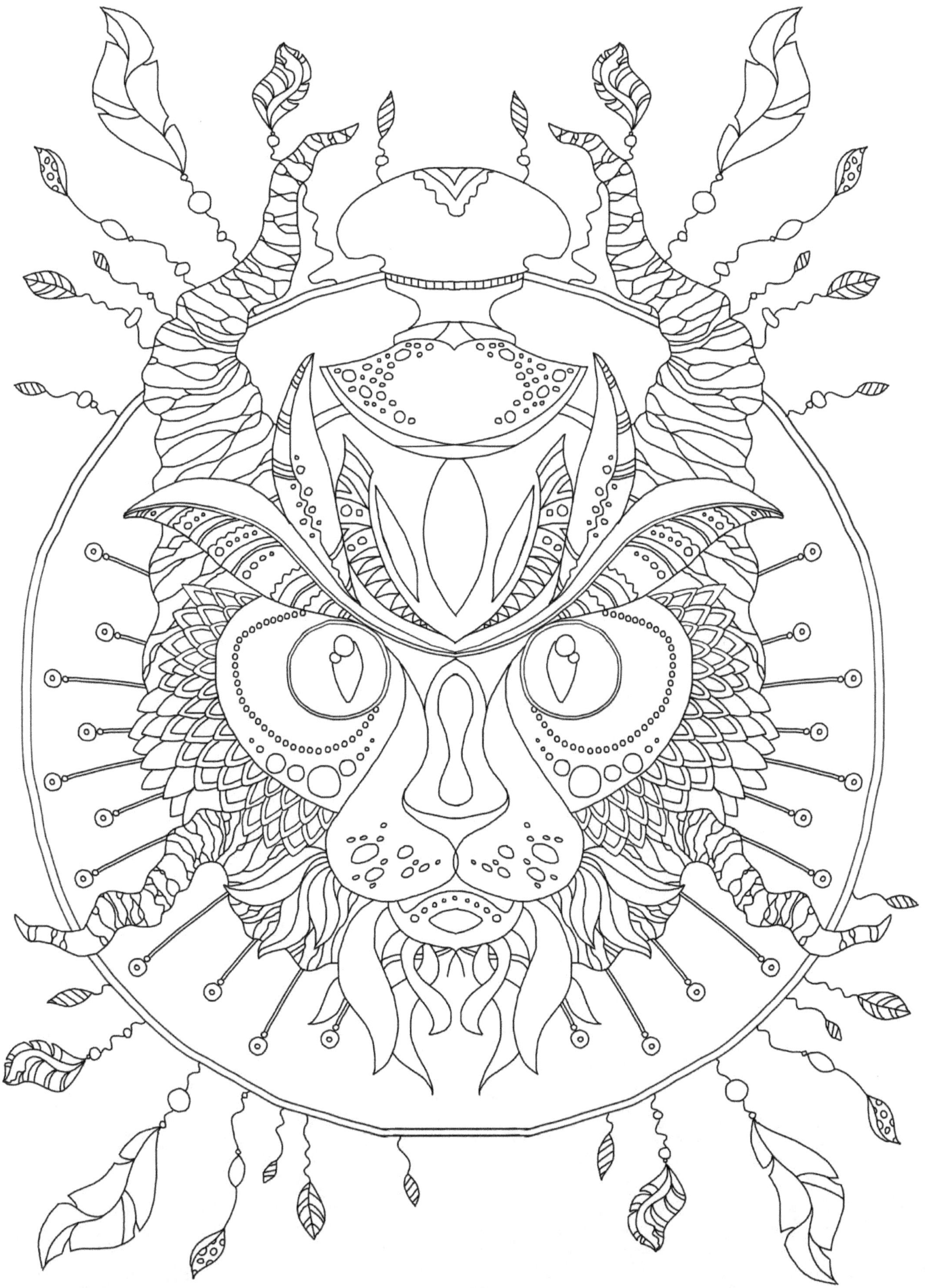

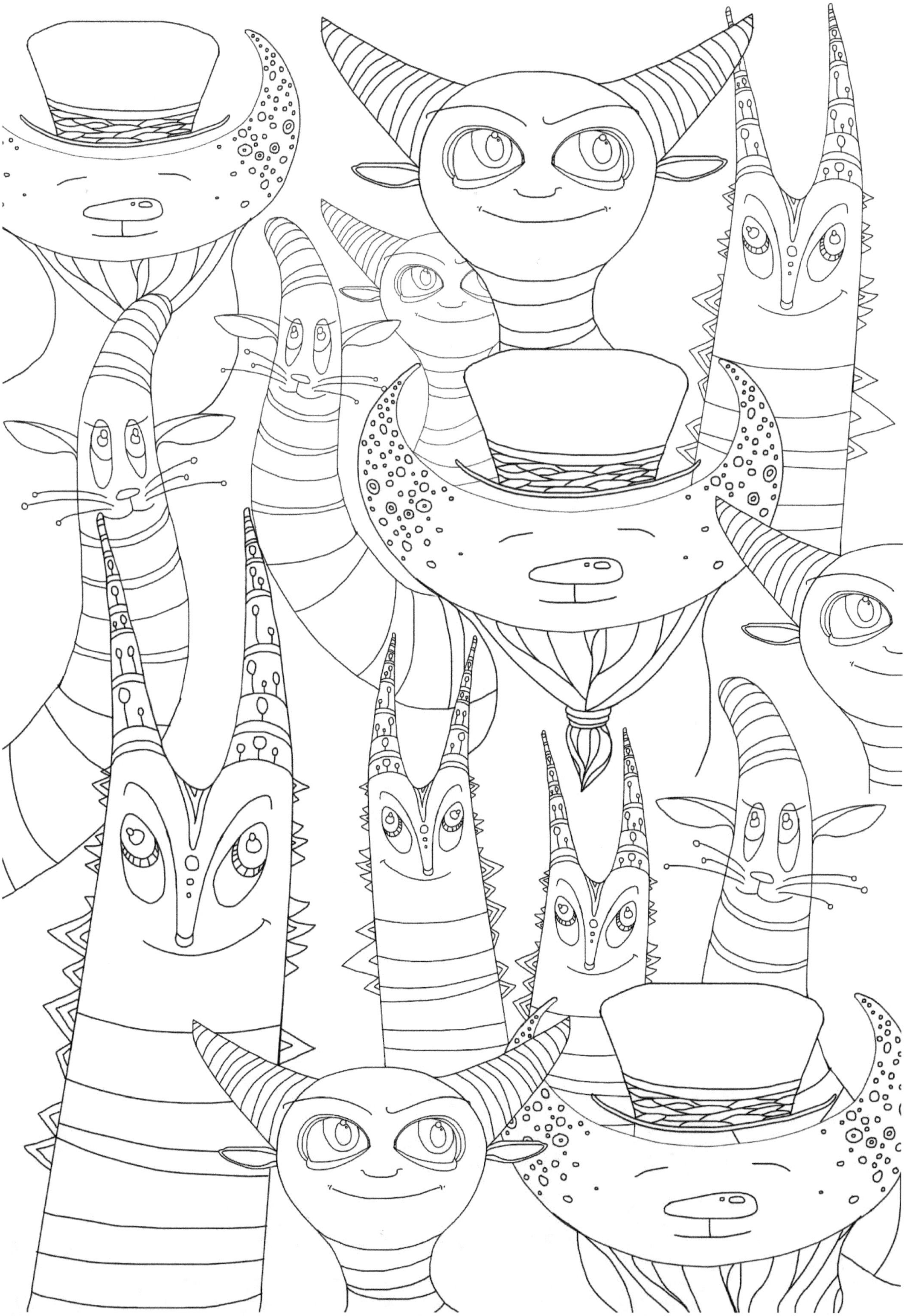

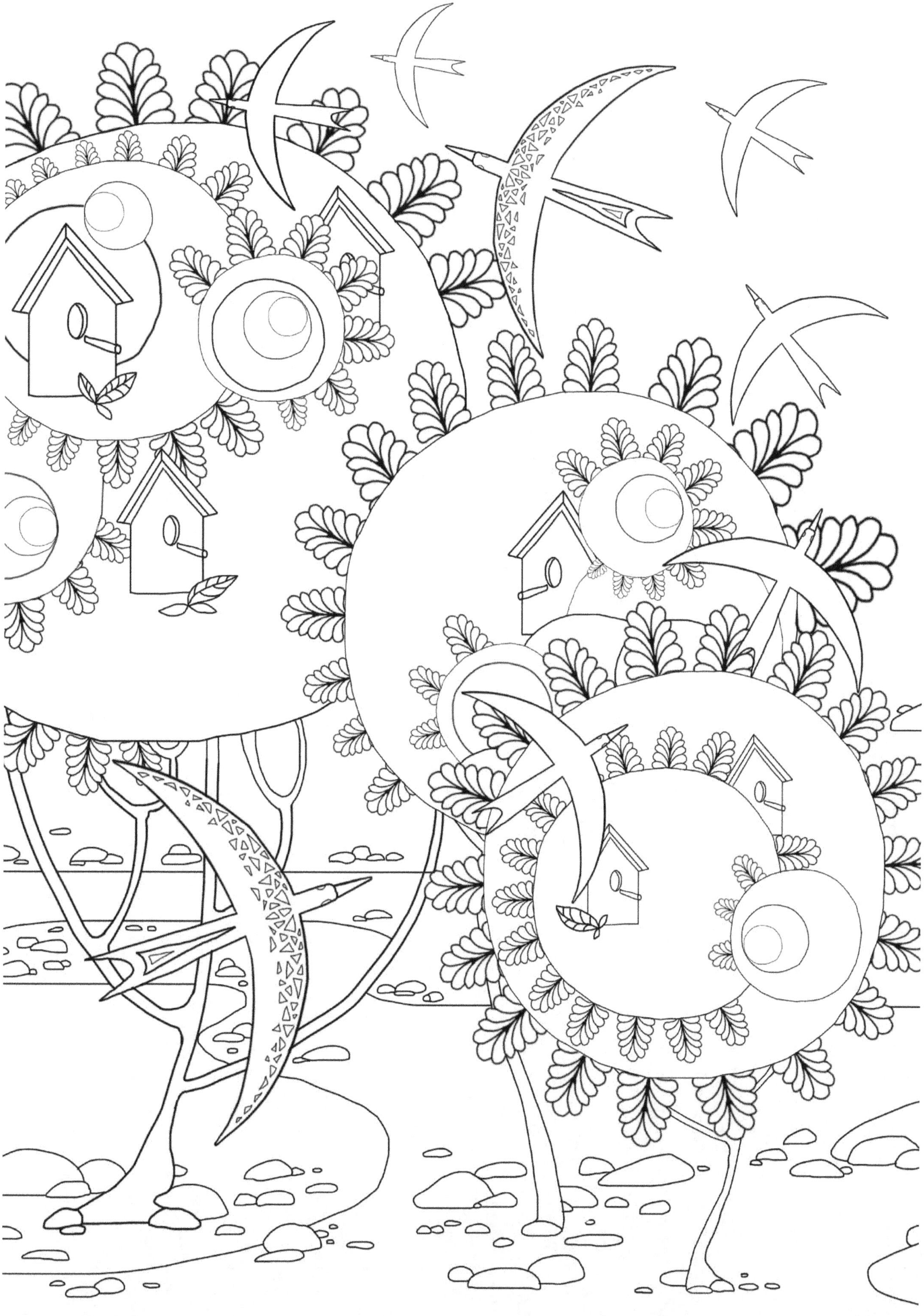

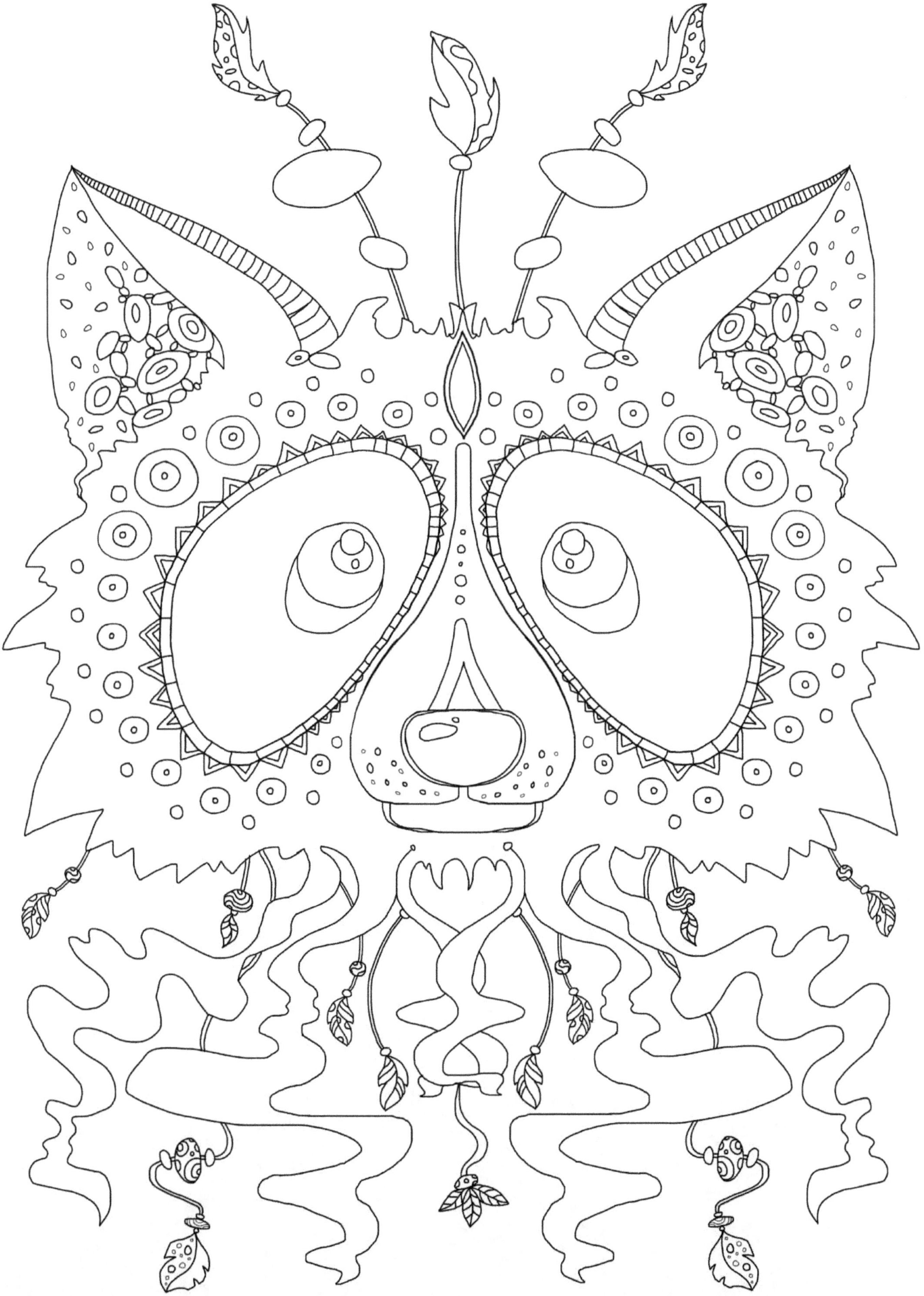

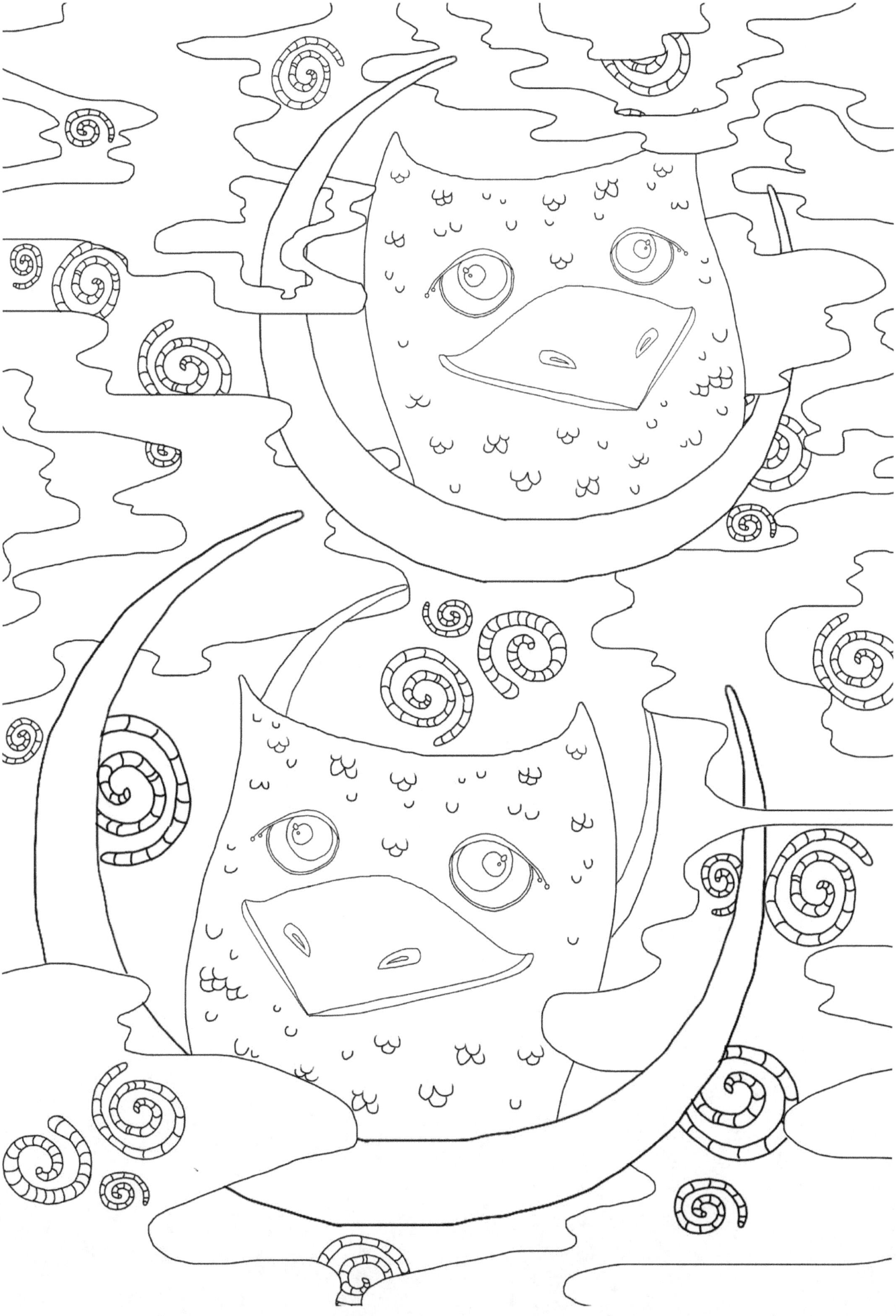

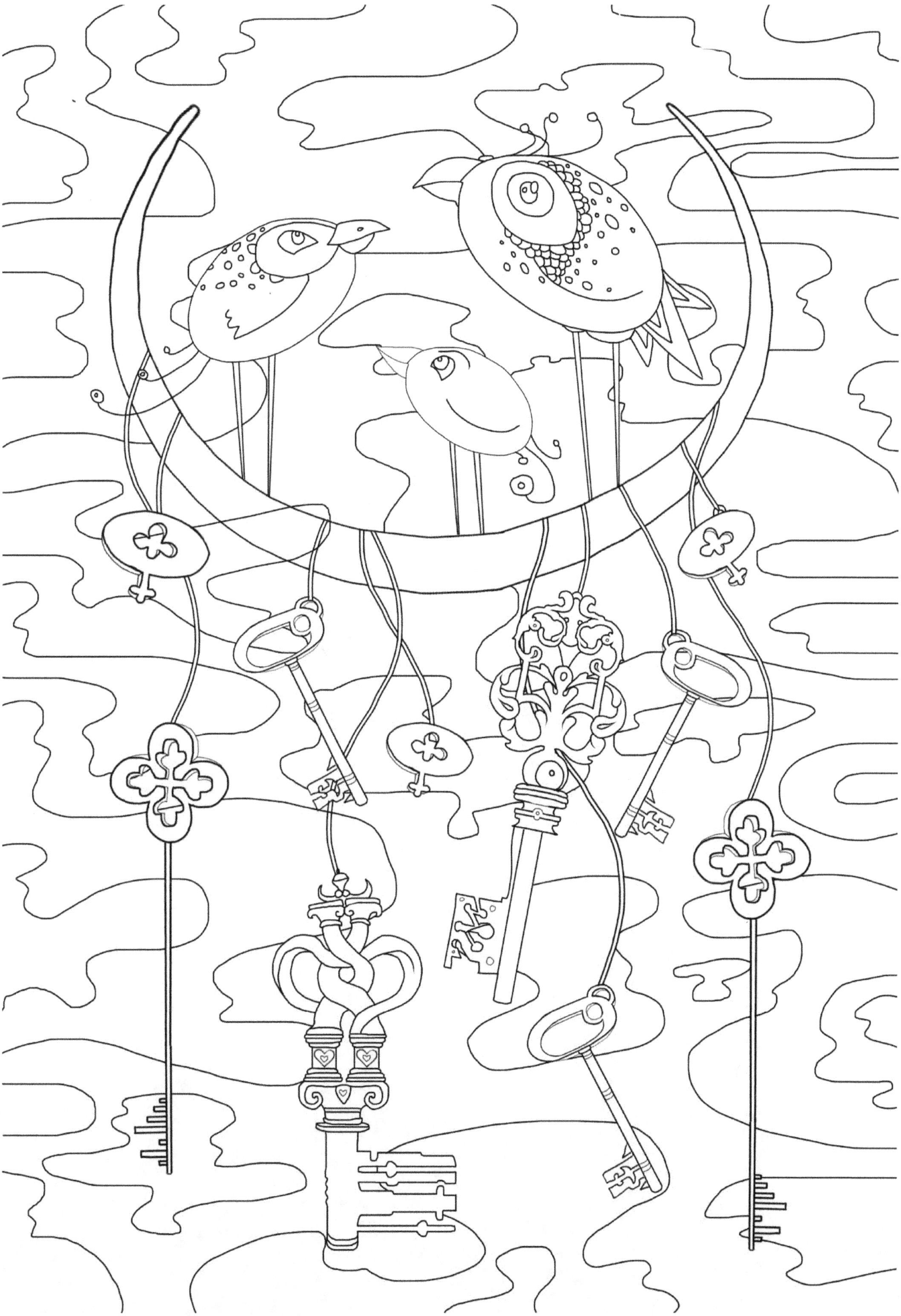

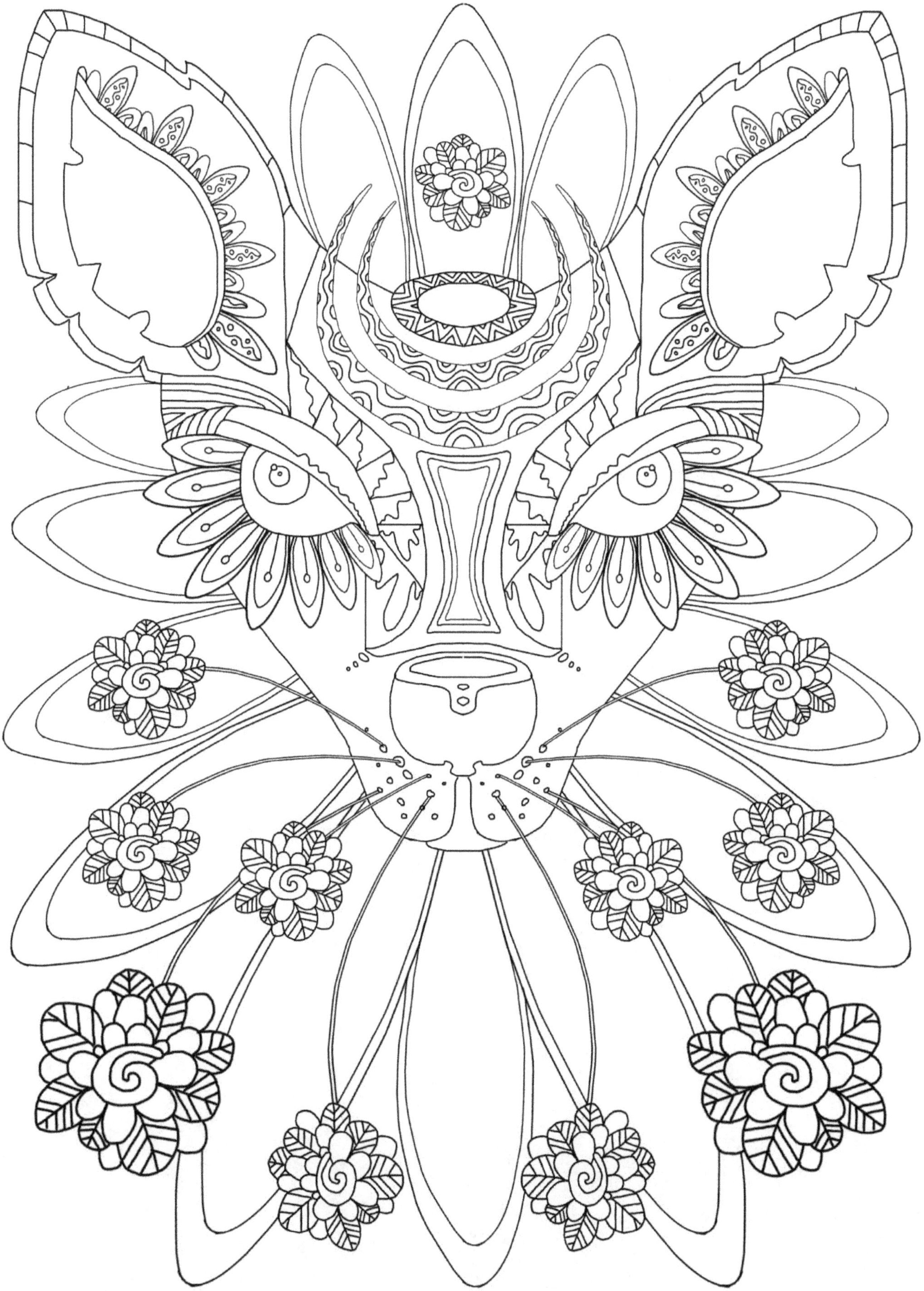

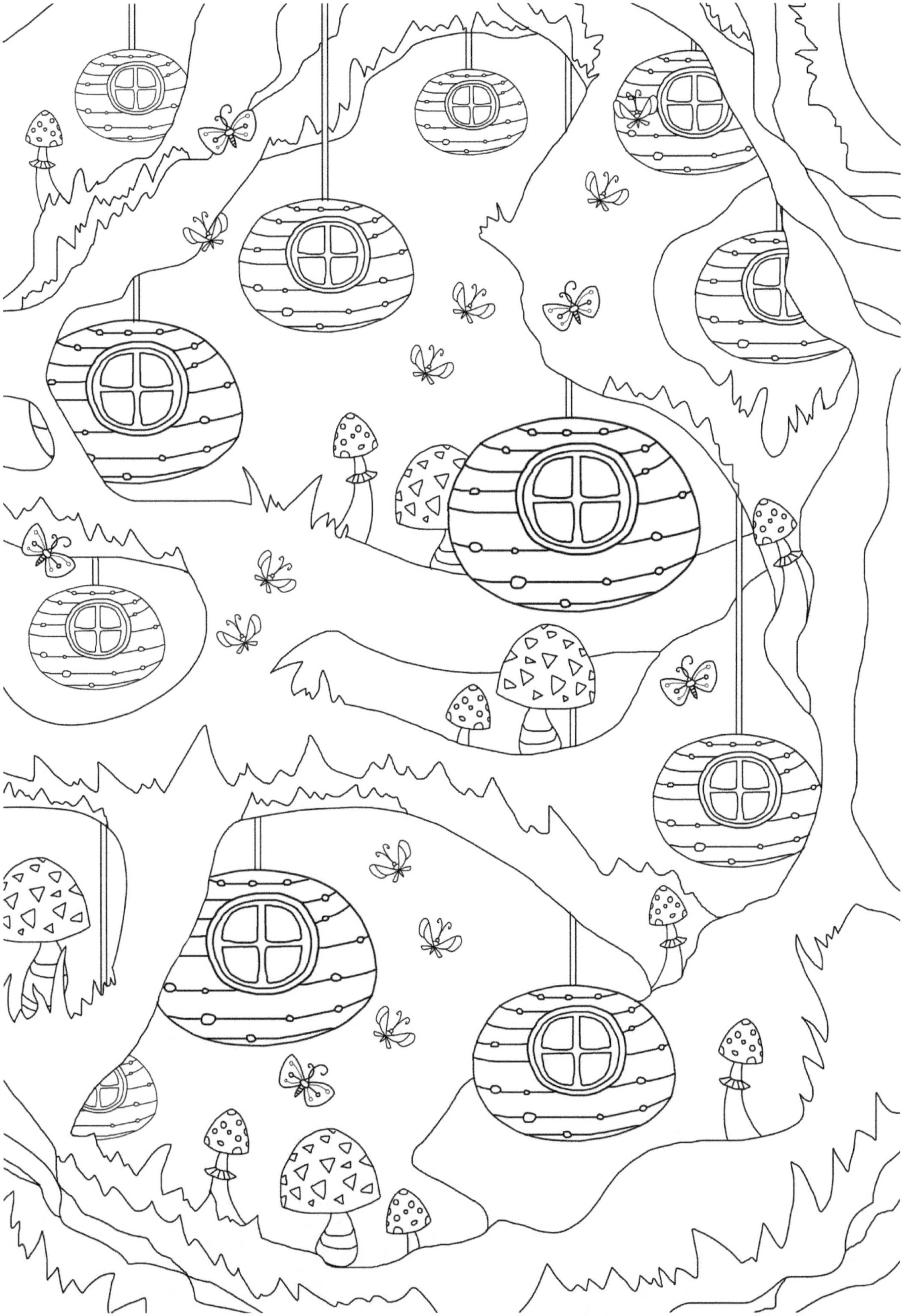

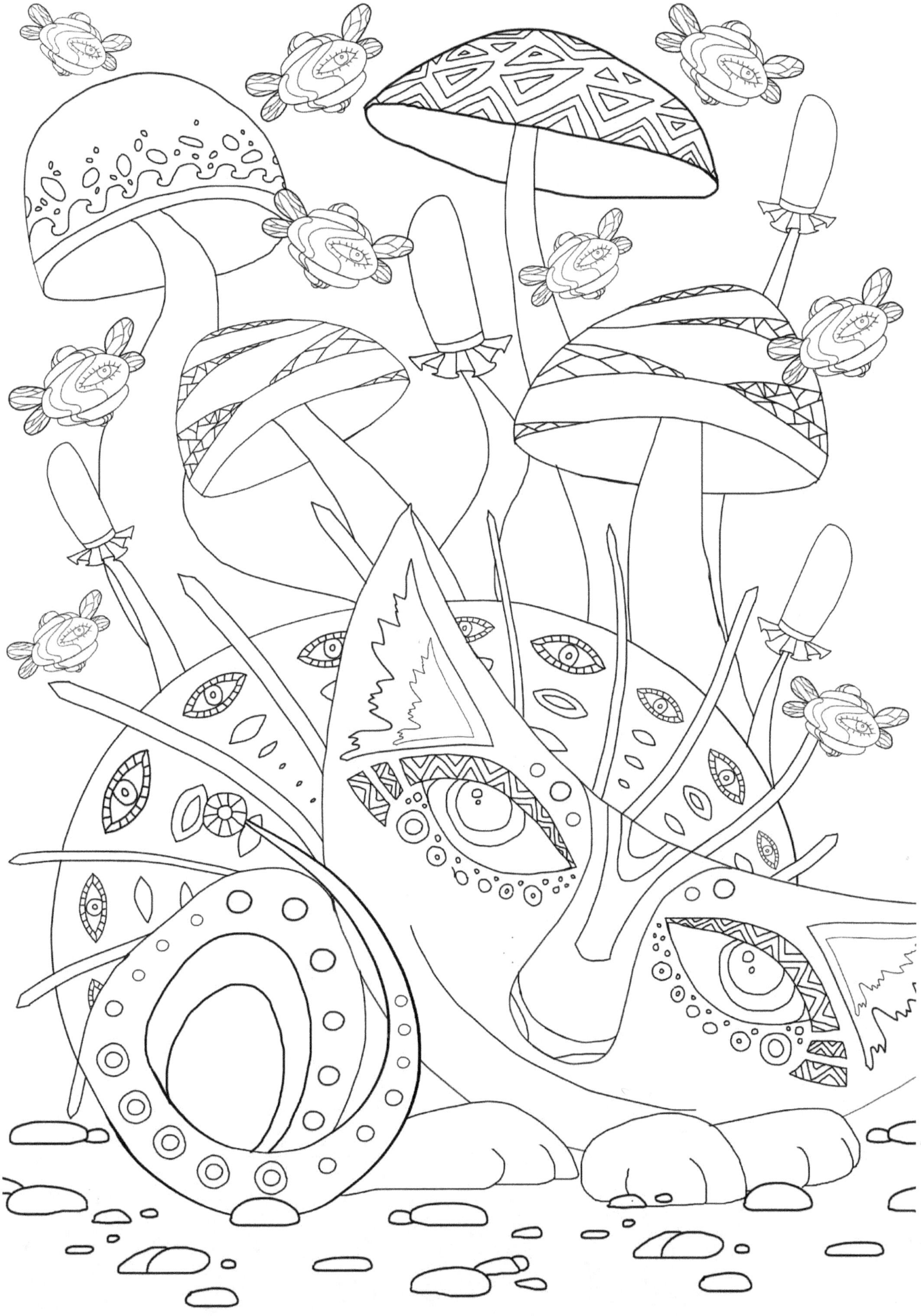

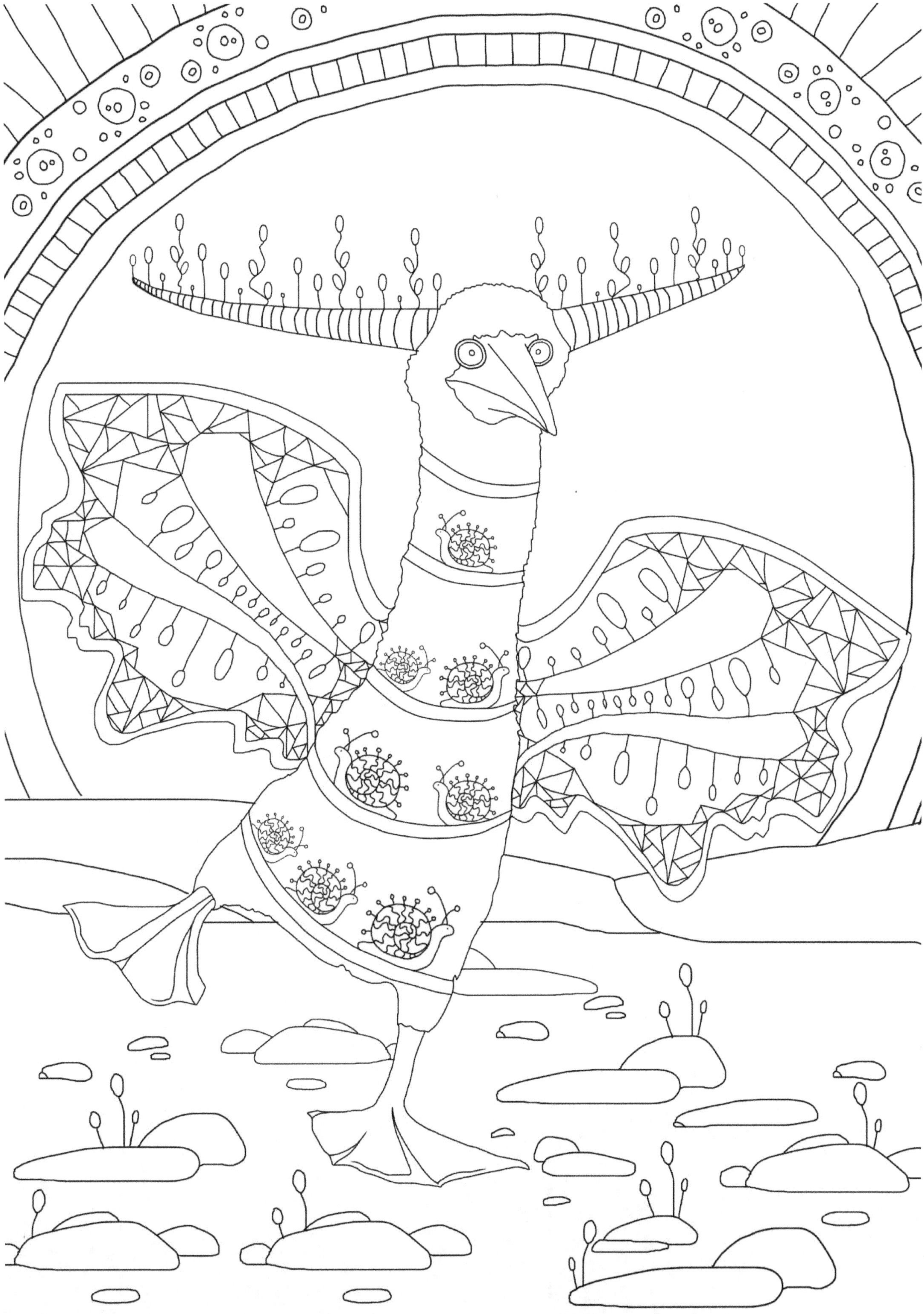

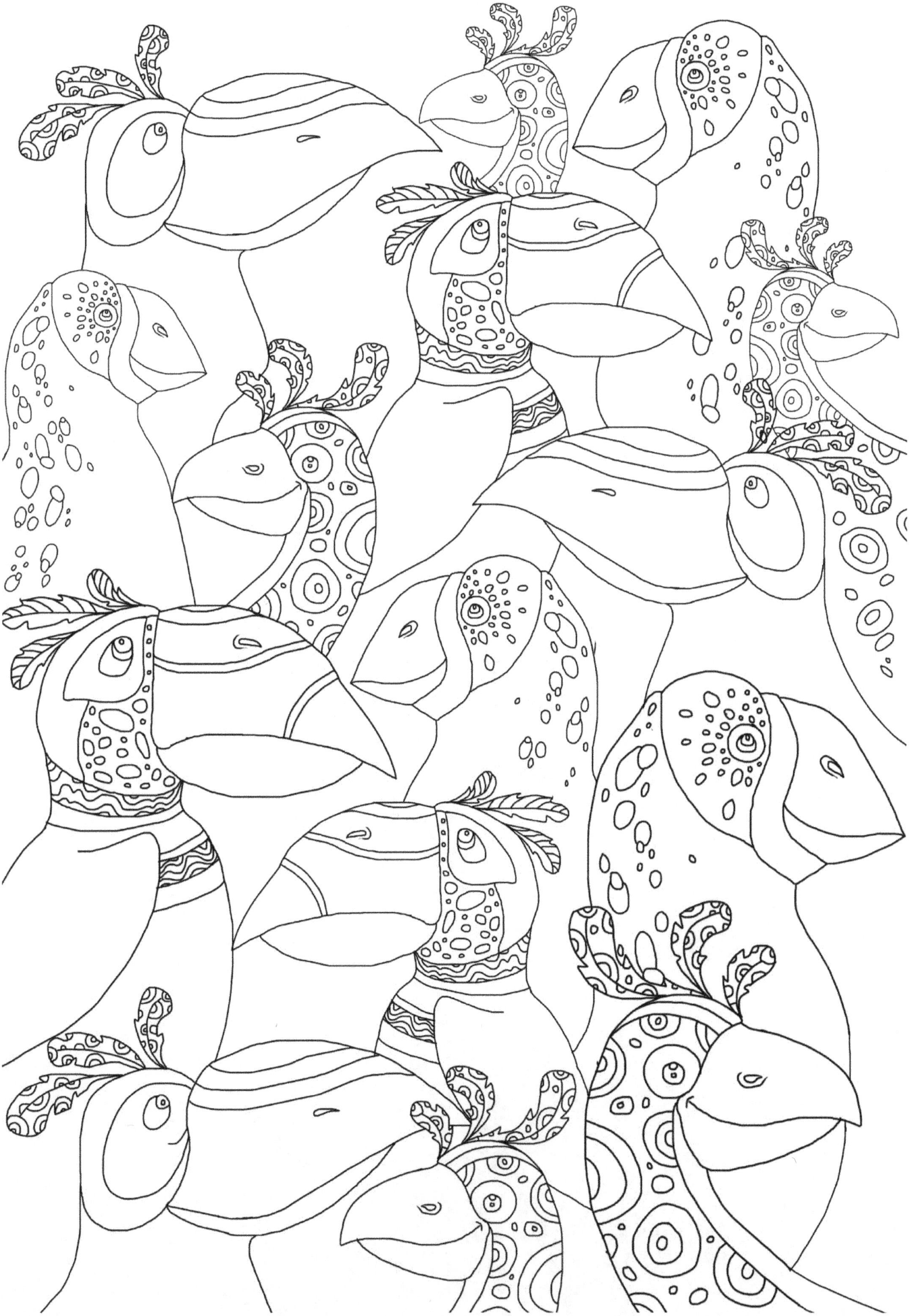

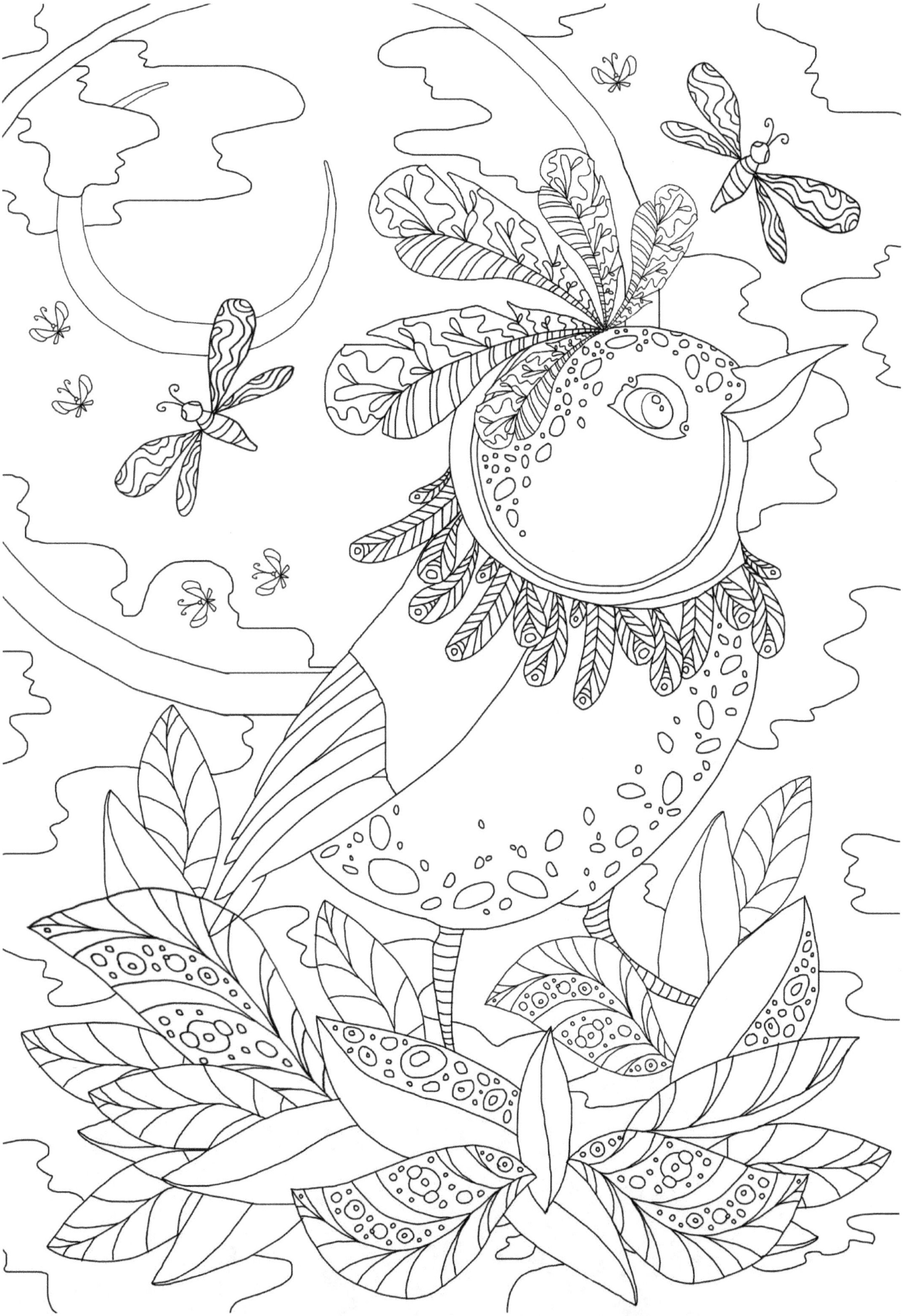

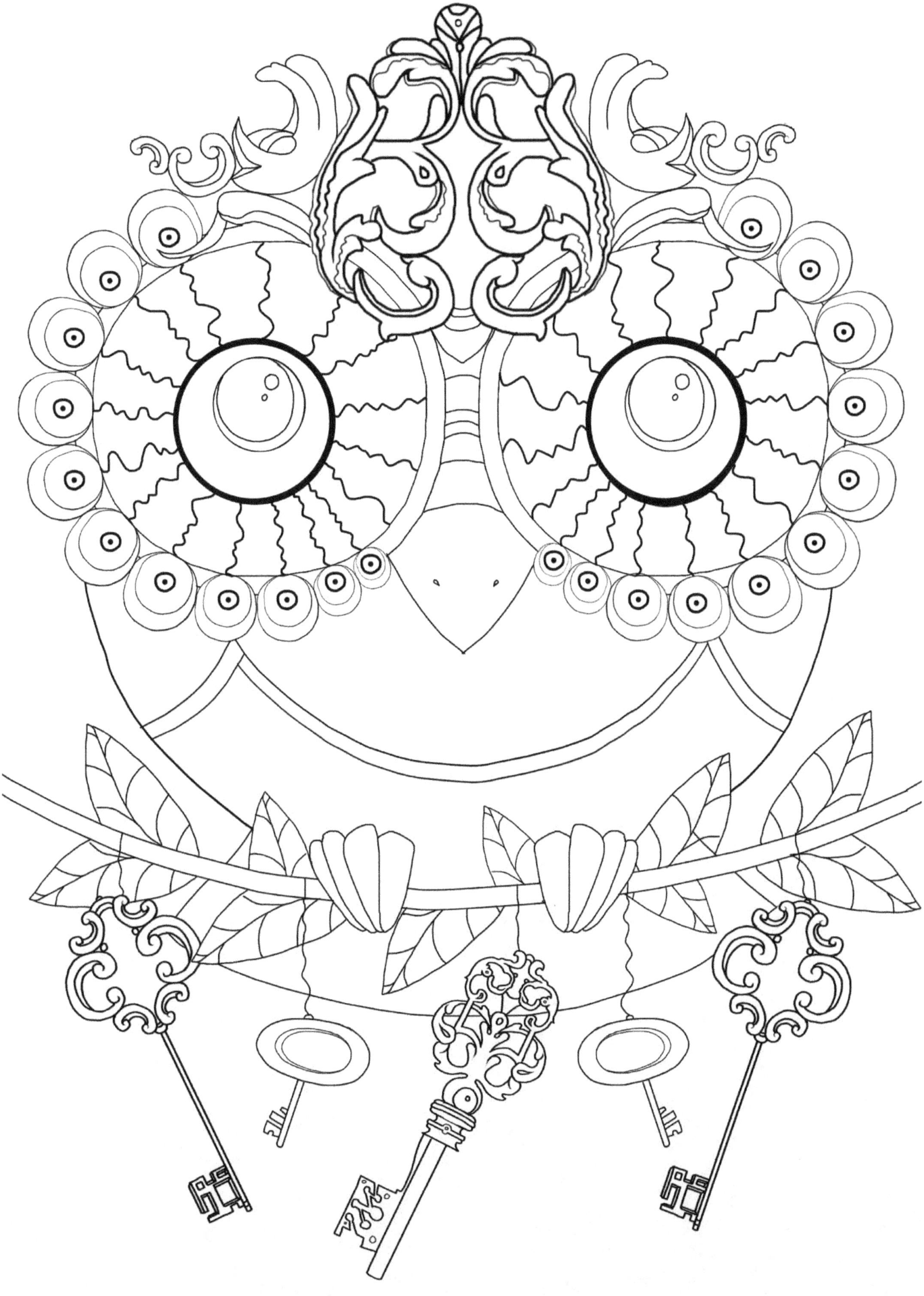

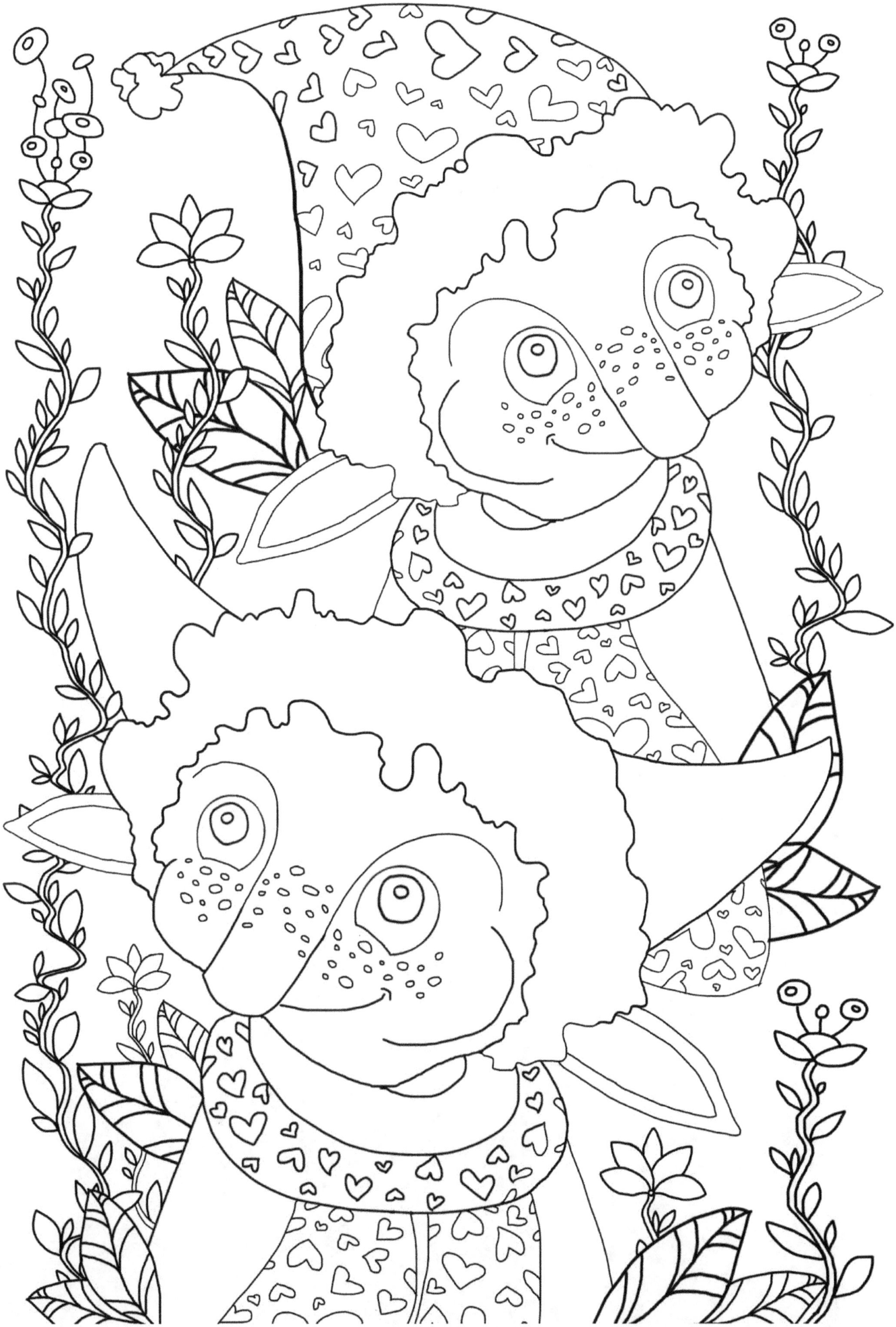

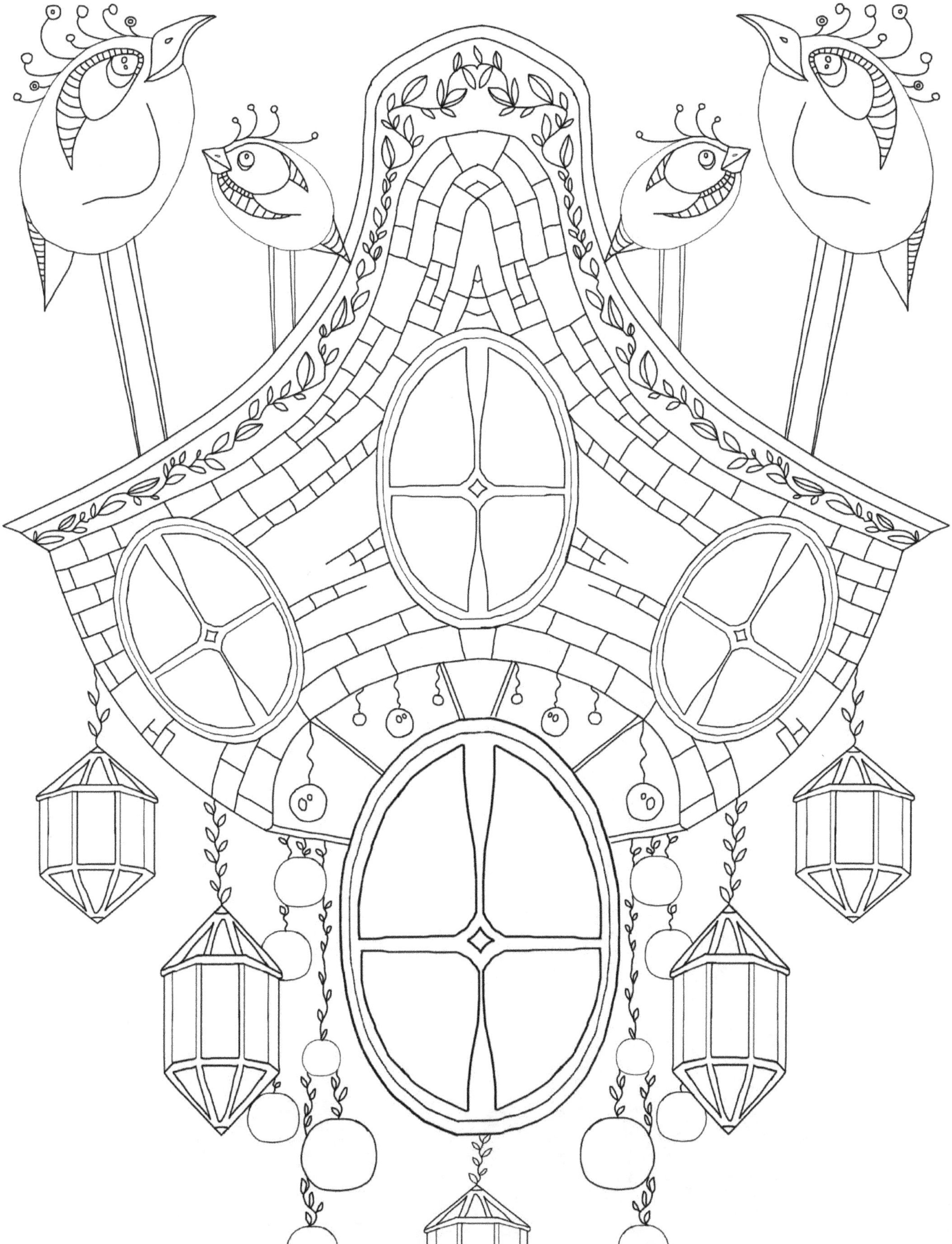

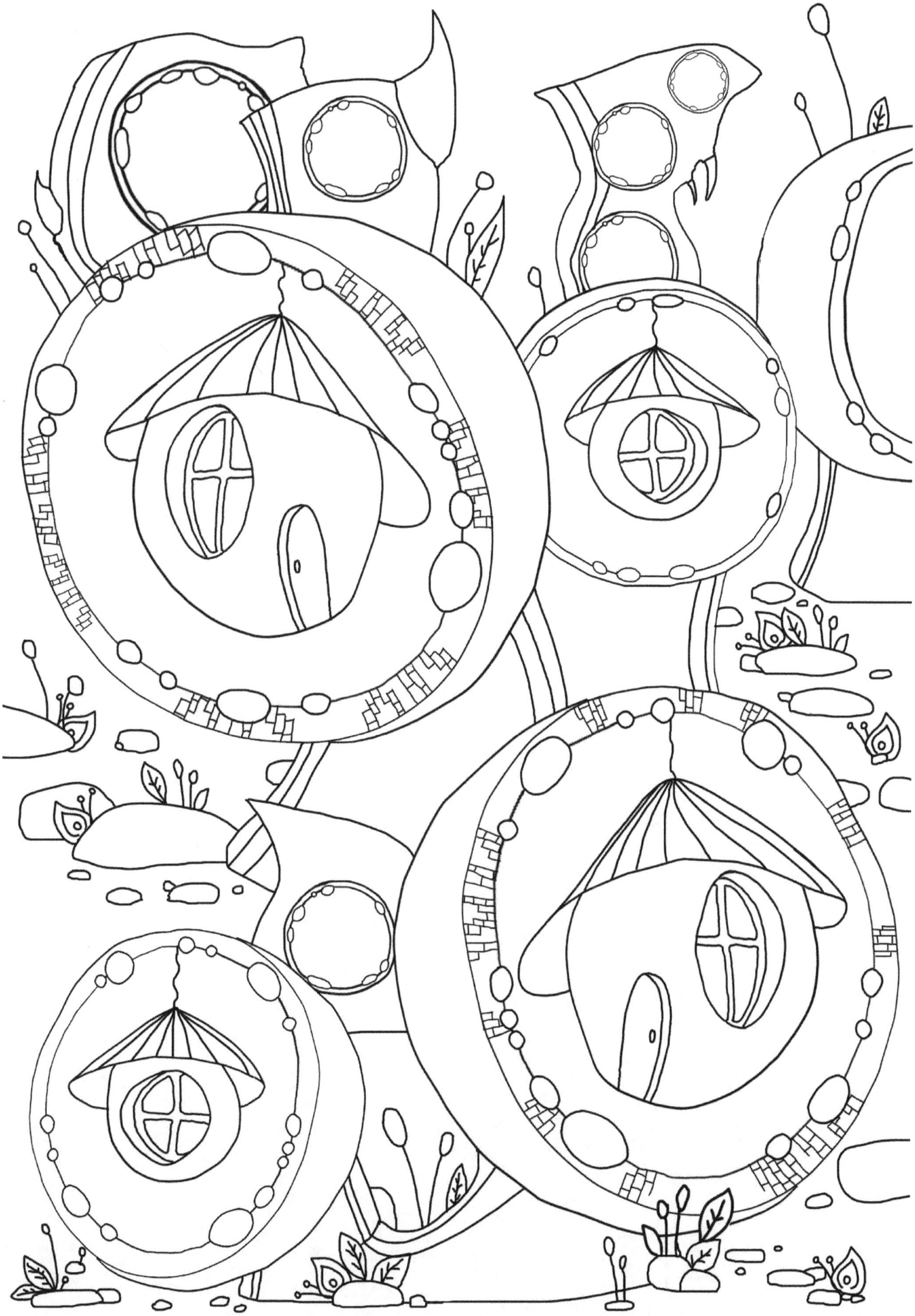

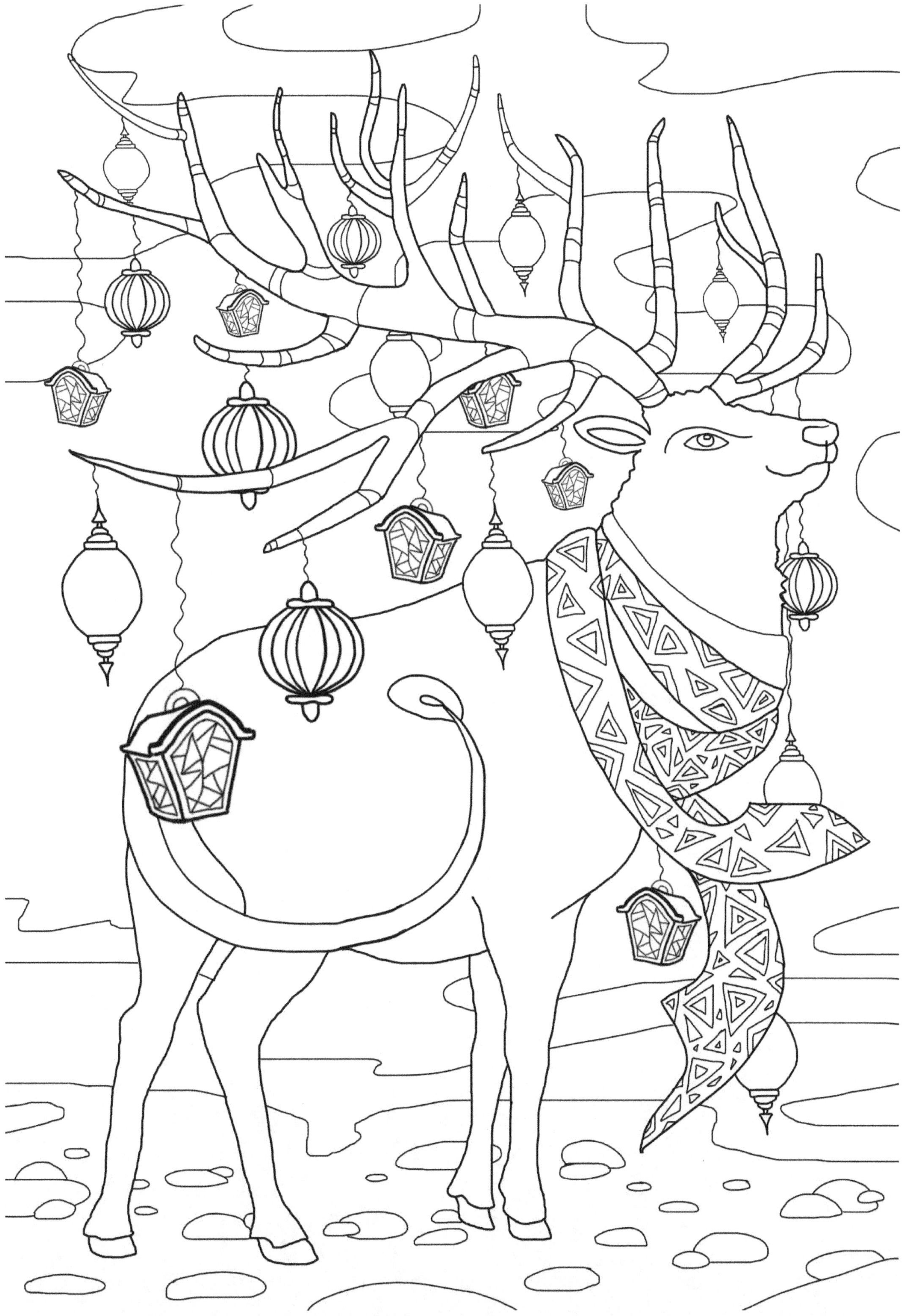

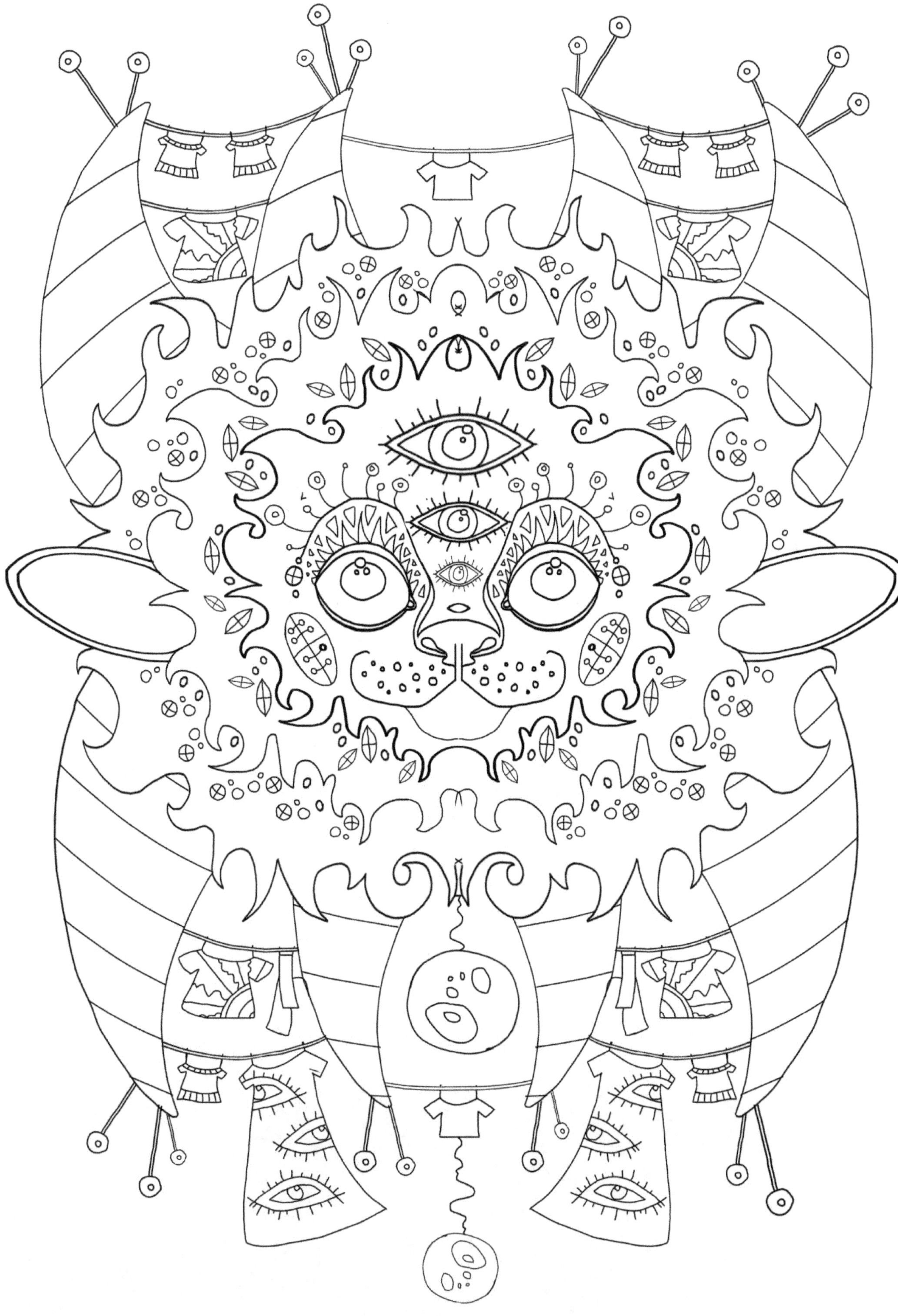

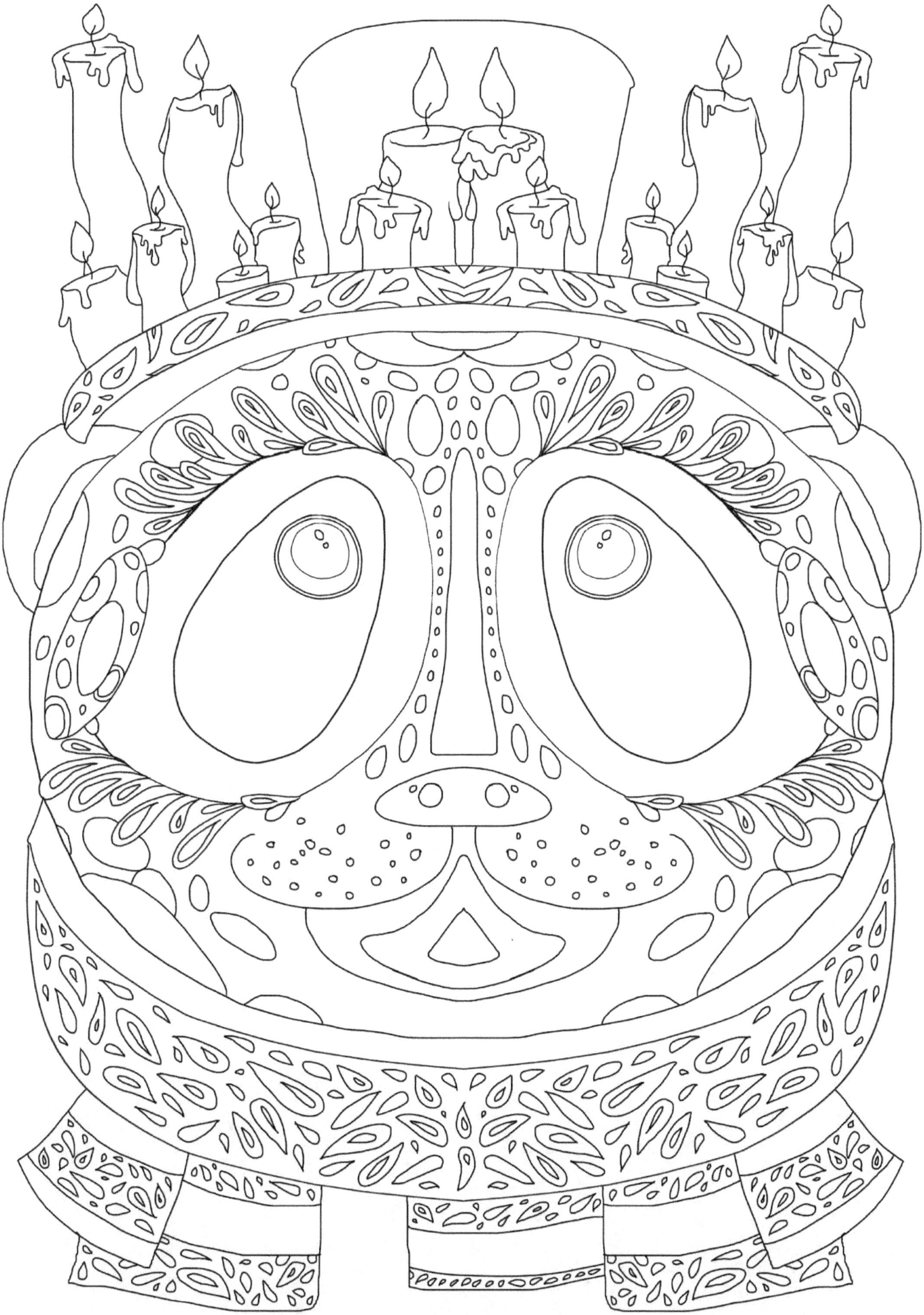

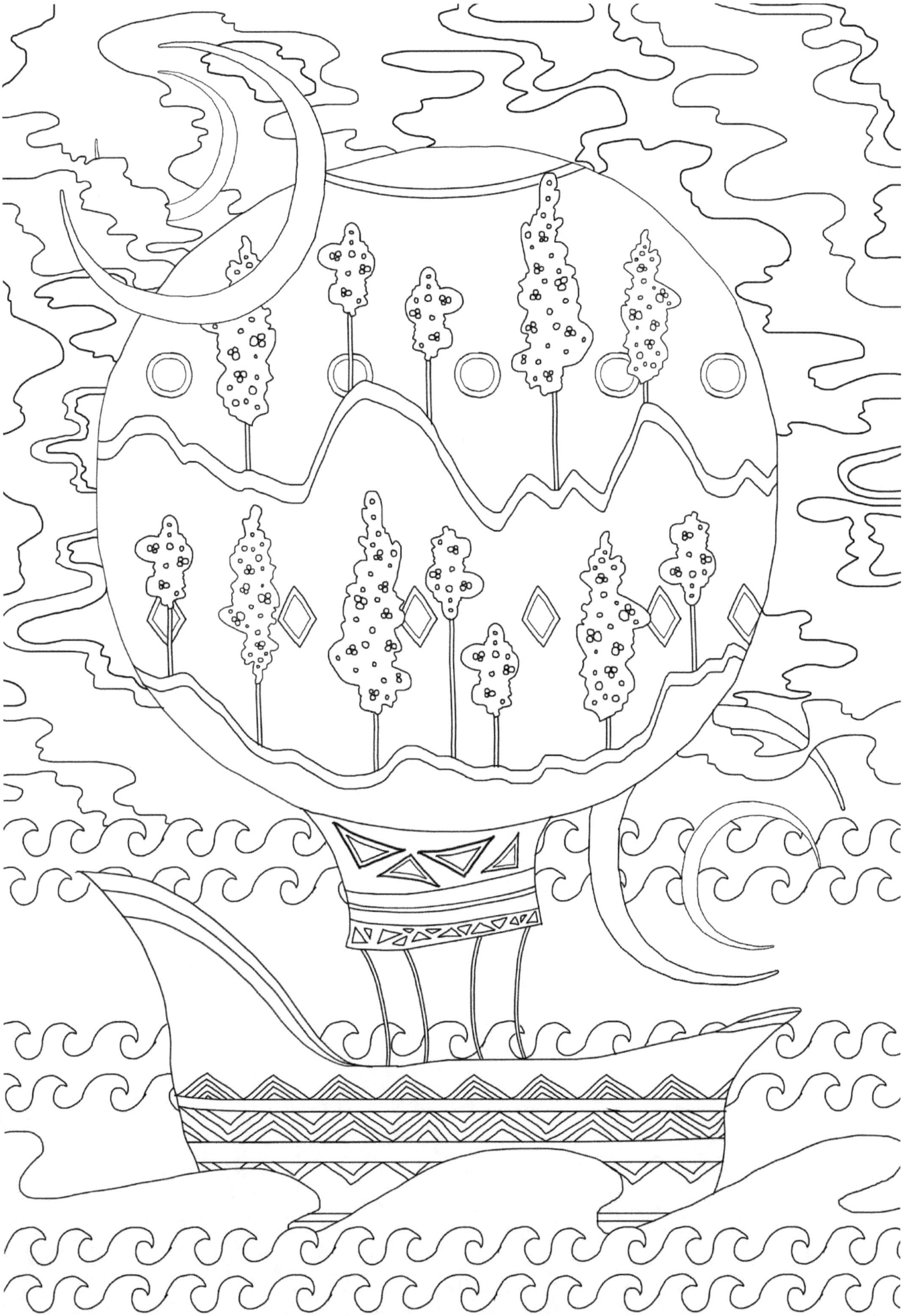

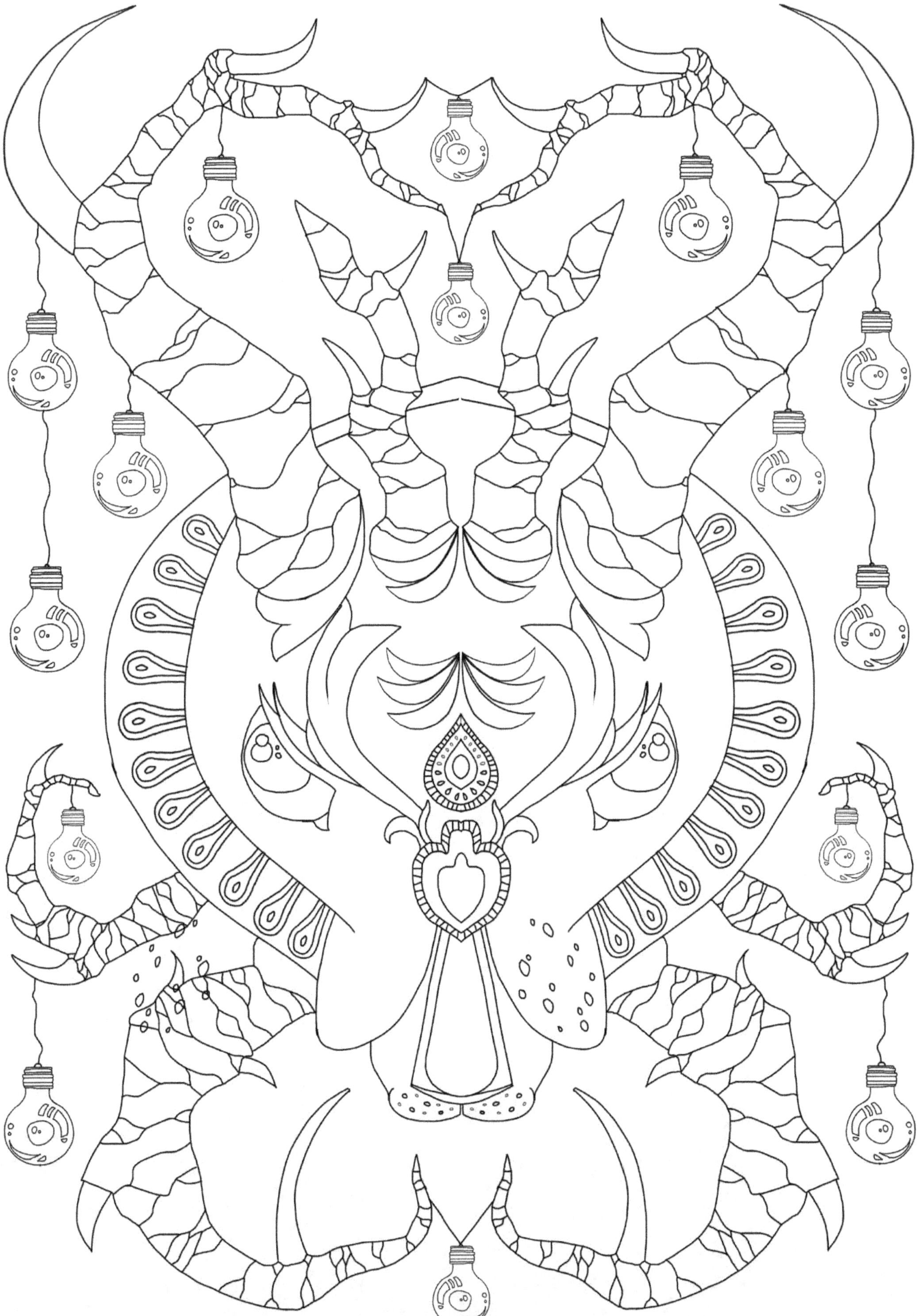

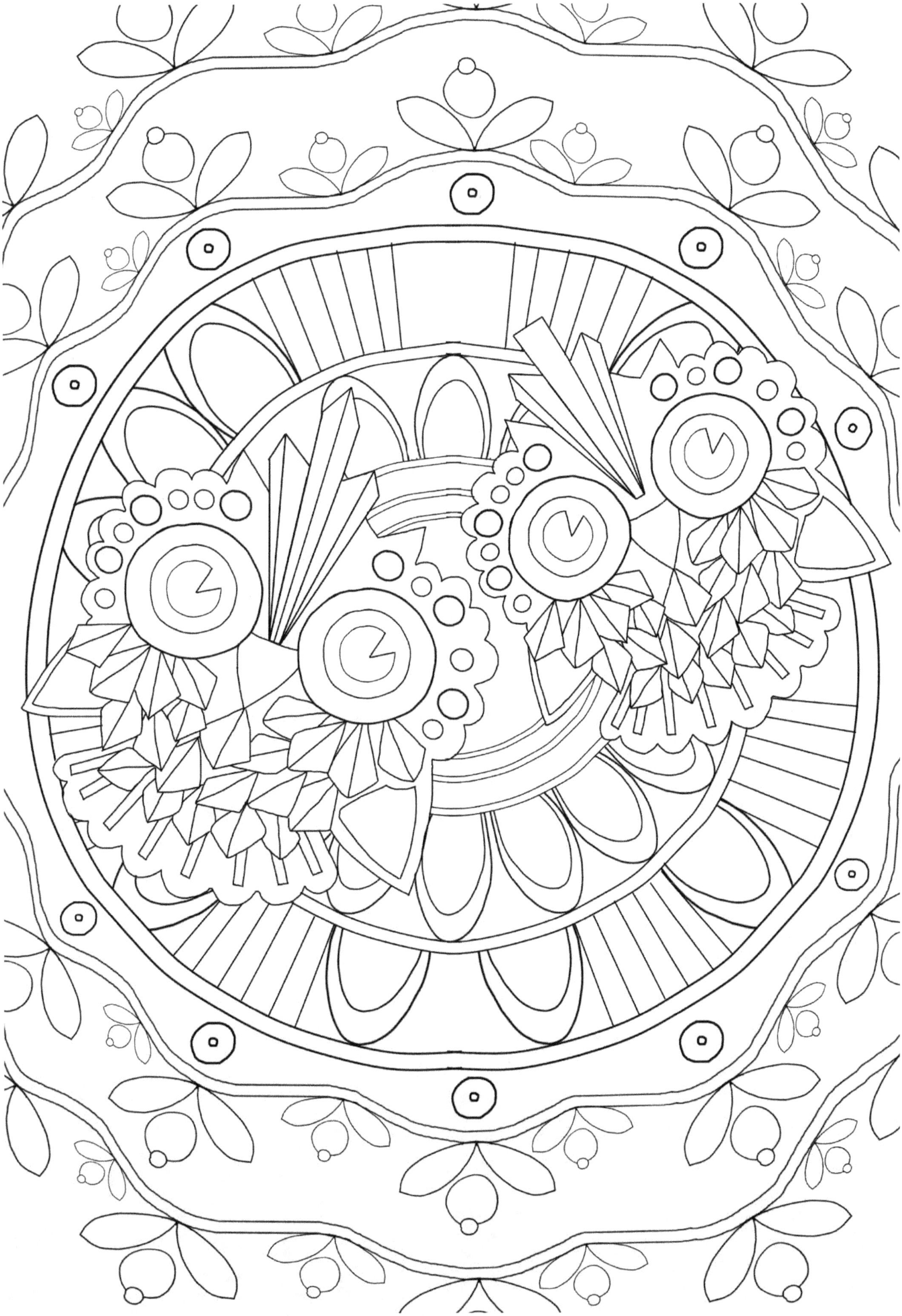

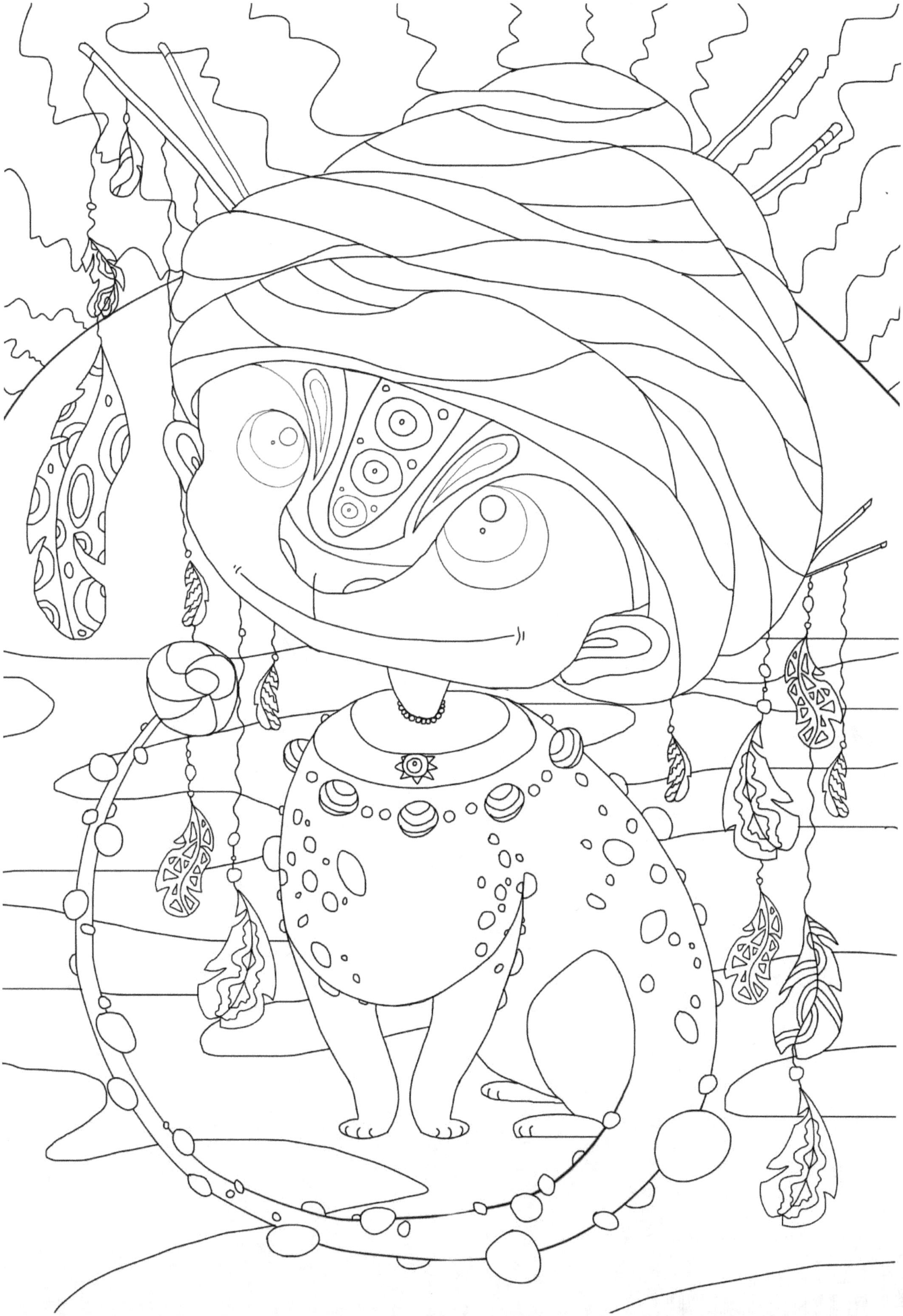

www.ingramcontent.com/pod-product-compliance
Lightning Source LLC
Chambersburg PA
CBHW080724190526
45169CB00006B/2501
* 9 7 8 1 5 3 2 7 9 7 9 2 7 *